"每天学点心理学"丛书

JIAOSHI
XINLI JIANKANG ZHISHI SHOUCE

教师心理健康

知识手册

《"每天学点心理学"丛书》编写组

编著

江西教育出版社
JIANGXI EDUCATION PUBLISHING HOUSE

·南　昌·

赣版权登字-02-2024-445

版权所有 侵权必究

图书在版编目（CIP）数据

教师心理健康知识手册 / "每天学点心理学"丛书
编写组编著. -- 南昌：江西教育出版社, 2024.12
（每天学点心理学）
ISBN 978-7-5705-4233-8

Ⅰ. ①教… Ⅱ. ①每… Ⅲ. ①教师—心理健康—健康
教育—手册 Ⅳ. ①G443-62

中国国家版本馆CIP数据核字(2024)第045218号

教师心理健康知识手册
JIAOSHI XINLI JIANKANG ZHISHI SHOUCE
《"每天学点心理学"丛书》编写组　编著

江西教育出版社出版
（南昌市学府大道299号　邮编：330038）

各地新华书店经销
江西千叶彩印有限公司印刷
787毫米×1092毫米　　16开本　　15印张　　252千字
2024年12月第1版　　2024年12月第1次印刷

ISBN 978-7-5705-4233-8
定价：38.00元

赣教版图书如有印装质量问题，请向我社调换　电话：0791-86710427
总编室电话：0791-86705643　　编辑部电话：0791-86700573
投稿邮箱：JXJYCBS@163.com　　网址：http://www.jxeph.com

· 序 ·

　　国家强盛需要健康而强大的国民心态。提升全民心理健康素养，是推进健康中国建设、平安中国建设和精神文明建设的重大时代课题。党的二十大以来，党和国家对心理健康事业作出一系列战略部署，强调要重视心理健康和精神卫生工作，并将其摆在经济社会发展大局的重要位置来谋划推进。

　　学习、掌握科学的心理健康知识，成为广大人民群众愈加强烈的意愿。生活中，人们经常面对各类心理问题，却不知如何应对与化解。诸如，"经常心情不佳，要如何处理？""孩子有厌学情绪，怎么办？""婆媳关系难处理，怎么解决？""职场'内卷'压力大，该如何化解？"……面对这些心理困惑，一套贴近民众生活的心理健康知识手册，有助于廓清心灵迷雾、洞察现象本质、找寻应对良方。

　　人民的需求就是工作的努力方向。江西省平安建设领导小组办公室联合江西师范大学，组织江西省社会心理服务体系建设研究中心专家和高校学者，精心编写了这套共10册的"每天学点心理学"丛书，涉及婴幼儿、小学生、初中生、高中生、大学生、教师、中老年人等多个群体。丛书编写始终坚持科学严谨、实用易懂的导向，每本书都精心挑选了各群体日常生活中可能面临的典型心理健康问题，运用专业理论知识分析阐释，让读者能够轻松理解和运用相关知识，一定程度上帮助读者解决问题、改善心理状态；同时，这套丛书也为从事心理健康工作的人员提供了实用的辅导读本，增强他们从事心理工作的实际本领，培育自尊自信、理性平和、积极向上的社会心态。

坚持"每天学点心理学"，阳光快乐每一天！

《"每天学点心理学"丛书》编写组

前言

　　教师是学生心理健康的指导者和维护者，教师心理健康则是促进自身专业素养和职业能力的重要保障。具备健全的人格、稳定的情绪、和谐的人际关系以及良好的适应能力，是教师心理健康的基本要求。根据近年来我国学者对教师群体心理健康状况的调查，当下我国教师的心理健康状况不容乐观，一些教师存在不同程度的心理困扰，甚至罹患诸多心理疾病。这将影响教师作为"立教之本、兴教之源"主体责任的完成。就教育对象而言，教师心理健康是有效指导学生心理健康成长的前提；就教师个体而言，良好的心理健康状态有助于教师以乐观、轻松的心态对待工作和生活中的压力，保持对工作和生活的热情。一般情况下，心理健康水平较高的教师人际交往能力更强，更善于与领导、同事、学生和家长沟通，交际圈也更加广泛；在应对个人或学生的心理问题时，积极改变的信念更强，自助和求助的愿望更主动，有效解决问题的可能性更大。研究还表明，心理健康水平较低的教师往往教学效能感也较低，他们在面对困难和挫折时，更多地表现为焦虑和无助，不仅难以解决所面临的问题，甚至还可能使问题更加严重或导致难以预料的后果。可见，教师心理健康既影响教师个体和学生群体，也会影响学校教育工作的方方面面，是学校心理健康教育体系中的重要组成部分。

　　但迄今为止，我国关于学生心理健康的研究和教育已受到教育部门和社会各界的高度重视，而对教师的心理健康问题则比较忽视，该领域的教育资源和研究都比较薄弱，这严重影响了学校心理健康教育科学有效开展。就现状而言，目前我国学校心理健康教育教师专业化程度较低，不少人是"半路出家"的兼职教师，他们对学生心理健康教育既熟悉又陌生，很难做到像所熟悉的学科教学那样"得心应手"。面对这种情况，一方面需要国家教育主管部门高度重视，加强对广大一线教师的专业培训指导；另一方面需要心理健康教育工作者积极参与，为广大一线教师提供可学习参考的专业性教育资源。基于此急需，作者团队组织撰写了这本《教师心理健康知识手册》。该书以教师心理健康的基础知识问题为切入口，主要围绕影响教师职业获得感、安全感、幸福感以及应激事件应对方面常见的心理困扰，进行系统分析和阐述，旨在为广大一线教师尤其是心理健康教育教师提供兼备专业性和实用性的自助参考书。

　　希望该书对教师掌握心理健康知识、习得心理健康教育技能、有效解决自身和学生的心理问题，进而对提升自身心理健康水平有所帮助。在此，余向广大教师推荐此书。同时，我也期待作者和读者在使用中不断探索、完善此书，使该书真正成为"开卷有益""遇难必读"的教师心理健康教育手册！

　　是为序。

西南大学　张大均

目录

第三篇
职业安全
感篇

97

第一篇
心理健康认知篇

　　有位哲学家曾说过："教育就是一棵树摇动另一棵树，一朵云推动另一朵云，一个灵魂唤醒另一个灵魂。"教师职业是一份承载着重大责任与使命的特殊职业。教师在向学生传授知识的同时，还需要关注学生的身心健康。只有身心健康的教师才可能教育出身心健康的学生，教师自身的心理健康素养与中小学生心理健康教育工作的质量息息相关。因此，本篇将从科普心理健康基础知识出发，让教师进一步科学地认识工作以及生活中的常见心理问题，如神经症、睡眠障碍、应激障碍等。接下来，让我们一起来看看吧！

01

什么是心理健康？
心理健康的标准是什么？

王老师是一名入职不久的新老师，并担任了初一年级某班的班主任。王老师对自己的教育事业充满信心，她希望自己能做一名优秀的人民教师。学生们都很喜欢她，觉得她上课温柔，也能耐心地教导他们。但由于工作经验不足，王老师在处理一些事情时常常考虑不够周全。

一次课间，两名学生在走廊上打架，由于王老师在处理问题时没有了解清楚事情起因，从而误会了其中一名学生。事后，该学生认为王老师以成绩看人，对待学生不公平。自那以后，他在上王老师的课时总是不听讲，也不服从班级的规章制度，喜欢挑事。对此，王老师仔细回想过去关于这个学生的事情，想到可能是之前打架那件事没处理好，当初解决问题的做法不恰当，为此内心很自责。之后处理学生问题时她常会想到这件事情，做事畏首畏尾，顾虑太多。与此同时，学校的教学任务也越来越繁重。王老师开始感到焦虑、烦躁，控制不住自己的脾气，稍有不顺便着急上火。渐渐地，学生和同事们开始远离她，班级纪律也越来越糟糕。近一个月来，王老师还出现了失眠、皮肤过敏等问题。王老师不知道自己怎么了，她猜想自己的心理是不是出现了什么问题？

在上述案例中，王老师作为一名新老师，做事有冲劲，能很好地完成工作，对自己的职业也有很高的认同感。但由于经验不足，在处理学生问题时不够妥当，加之学校教学任务日渐繁重，她对待教学工作没有之前那么有耐心，逐渐产生焦虑、失眠、烦躁等情况，由此产生的不良情绪和心态已经影响到了她的工作和生活。

1989年，世界卫生组织提出："健康包括躯体健康、心理健康、社会适应良好和道德健康。"可见，对现代人而言，健康不仅仅是生理方面的要求，还有精神方面的要求，心理健康的重要性不言而喻。那什么是心理健康？怎么界定心理正常或心理异常？

1946年，第三届国际心理卫生大会对心理健康是这样定义的：心理健康是指在身体、智能以及情感上与他人的心理健康不相矛盾的范围内，将个人心境发展成最佳状态。具体表现为：人的认识、情感、意志活动完整且相互协调，能够持续保持良好的心境和旺盛的精力，并能适应社会，与社会同步。

对于心理正常与异常的界定，临床心理学将心理状态分为三个维度：心理健康、心理不健康和心理异常。其中，心理健康和不健康是处于正常范围内的，用来讨论心理正常的水平高低和程度如何。

1.心理健康是指心理的各个方面及外部行为都处于正常稳定状态的心理过程，即认知、情感、意志三部分是协调的，主体与外在世界也是协调的，人格相对稳定。

2.心理不健康包括：

（1）一般心理问题。它由现实原因引起，不良情绪持续1个月或间断持续2个月，学习、生活等社会功能基本正常，但存在效率下降的情况；情绪反应能在理智控制之下，无泛化，即不良情绪的激发因素仅仅局限于最初事件，与最初事件有联系的其他事件不会引起此类不良情绪。

（2）严重心理问题。它由强烈的、对个体威胁较大的现实因素激发，痛苦情绪间断或不间断地持续2个月以上、半年以下，社会功能受损，单纯地依靠自然发展或非专业性的干预难以解决，情绪不可控且充分泛化，即痛苦情绪不但能被最初的刺激引起，而且与最初刺激相类似、相关联的刺激也可以引起此类痛苦，有时还伴随人格缺陷。

（3）神经症性心理问题。神经症性心理问题又被称为可疑神经症，由一般人难以理解的非现实生活事件引起的强烈冲突，这些生活事件与现实处境没有明显关系，涉及生活中不太重要的事情，且不带有明显的道德色彩。痛苦情绪持续3个月以上，泛化严重，即与最初刺激无关的事情开始引起相同的反应，但一般没有严重的人格缺陷。

3.心理异常是指心理过程和心理特征发生了异常的改变，大脑的结构或功能失调。心理异常患者已经丧失正常功能，无法正常生活，同时伴随明显躯体不适，各个系统功能都受到影响。主要判断标准有：

（1）是否失去自知力，主客观世界是否统一，比如有没有出现幻觉、思维奔逸、被迫害妄想等；

（2）认知、情感、意志是否统一协调，比如发生开心的事情时感到开心，而不是出现与之不匹配的负面情绪；

（3）人格有无发生明显改变，比如一直比较沉闷的人突然变得非常外向，说起话来滔滔不绝。

这类患者很难通过自我调节解决问题，需要服用精神类药物，同时配合心理医生的治疗。

根据灰色区理论，我们可以将心理健康看作白色，将心理异常看作黑色，那么在白色与黑色之间存在着一个巨大的缓冲区域——灰色区，大多数人的心理状态都散落在这一区域内。该理论指出，心理健康与不健康、心理不健康与心理异常之间并无明显界限，而是一个连续动态变化的过程。在人生的

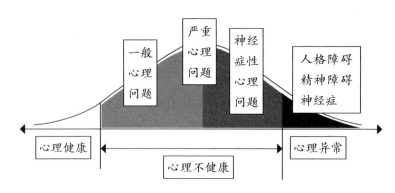

图1—1　心理健康"灰色区"示意图

发展过程中面临心理问题是正常现象，平时工作和生活中应积极加以纠正，提高自我保健意识，及时进行自我调整。

应对之道

一般来说，心理健康的人面对生活和工作中的困难和挫折能主动寻求解决方法，能适时地从痛苦和烦恼中解脱出来。我们已经了解了心理健康的概念和具体表现，那么我们应该如何维护自身的心理健康呢？

为了更好地保障人民群众的身心健康，我国制定了《健康中国行动（2019—2030年）》，其中倡导个人和家庭维护心理健康的九项行动措施为：

1. 提高心理健康意识，追求心身共同健康；

2. 使用科学的方法缓解压力；

3. 重视睡眠健康；

4. 培养科学运动的习惯；

5. 正确认识抑郁、焦虑等常见情绪问题；

6. 出现心理行为问题要及时求助；

7. 精神疾病治疗要遵医嘱；

8. 关怀和理解精神疾病患者，减少歧视；

9. 关注家庭成员心理状况。

教师是教育事业的第一资源，是学生成长的引路人，教师的心理健康与否对学生而言至关重要。教师可以以此行动目标为指导，不断提升自身的心理健康素养，维护自身的心理健康状态。

心理小贴士

心理暗示效应

一些研究表明：暗示是人类最简单、最典型的条件反射。暗示分自我暗示与他人暗示两种。自我暗示是指暗示信息来自本人，因自身思想或观念等因素，从而影响其认知、情绪、意志或行为层面。他人暗示是指暗示信息来自他人，在人际交往中，因他人的行为或言语而对自身的认知、情绪、意志及行为层面产生影响。心理暗示效应，是指个体在他人有意或无意的提示、引导或暗示下，产生某种特定心理反应或行为反应的现象。但是暗示就像一把"双刃剑"，它有积极的作用，也有消极的作用，关键在于接受心理暗示的个体如何运用并把握暗示的意义。那我们该如何运用积极的心理暗示，规避消极的心理暗示呢？

语言心理暗示：心理学研究表明，只要每天对自己重复说几句话，不出十天，就会真的相信这些话。例如当出现容貌焦虑时，告诉自己"我很好看"；在比赛紧张和焦虑的时候，告诉自己"成功展现自己就算胜利"；遭遇失败感到难过时，可以对自己说"我已经尽力，我已经很棒了"。积极的心理暗示，可以激发潜能，能够增强自信心，优化情绪。在平时的学习和生活中，我们可以给予自己积极的心理暗示。

行为心理暗示：行为心理暗示比语言心理暗示更加有效，每一个动作、每一种表情都具有强烈的心理暗示作用。具体做法有，经常微笑或大笑，无所谓是否真实；经常性地舒展身体，比如伸懒腰，张开双臂，抬头挺胸，双腿分开；不自信的时候抬头挺胸，增加自己的自信。记住，对着镜子做这些动作，效果会更好。

此外，在日常生活中，如果发现他人有可能会受到自己的暗示，也要注意暗示的方式，尽量给予他人积极的暗示。同时，我们也要尽量少接受他人消极的暗示，避免对自身产生消极的影响。

我的心理健康，谁说了算？

最近，孙老师总是情绪低落，什么事情也不想做，有时还会因为一些无关紧要的小事向同事和学生发脾气。她这几天甚至都没有去晨跑——平时雷打不动地坚持这个爱好。孙老师身体上没有不舒服的地方，就是情绪起伏比较大，对其他事情也提不起兴趣，脾气越来越差。她的好友注意到她最近一反常态，认为她可能出现了心理问题。但周围同事却不这么认为，觉得她只是因为带领的班级这次期中考试没考好，心情不好而已，过一段时间就好了。孙老师尝试去改变这种情况，但没什么效果，她在想自己是不是患上了抑郁症。最后，她决定寻求专业人员的帮助，前往医院进行了专业的心理评估与诊断。经过评估与诊断，医生告诉孙老师，她只是存在一般心理问题，还未达到疾病的程度。

心理解读

在上述案例中，孙老师情绪低落，脾气也变得不好，身体方面并无不舒服或存在疾病，但她却无法控制和调整自己的情绪。她的朋友认为她可能是心理方面出现了问题，但同事认为她只是工作原因导致的情绪低落，没有关系。她不知如何判断自己的心理健康状态，最后经过专业的评估与诊断才知道自己只是存在一般心理问题。

那么对于我们而言，想要知道自己是否存在心理问题，可以从自我评估、他人反馈和专业评估三方面去判断。

1. 自我评估

你可以从以下几个维度评估自己是否有心理疾病。

（1）一般状态：意识是否清晰，日常生活是否有异常，包括仪表、饮食、睡眠、卫生等情况。

（2）认识活动：是否出现幻觉（例如听到、看到一些奇怪的东西，但别人却感知不到），妄想（例如觉得自己会被某个人伤害，但其他人都不这样认为），注意力、记忆力是否有异常，是否有明显的躯体感受异常（例如胸闷、呼吸困难、胃部不适、食欲不佳等），而又没有相关的躯体疾病（器质性检查没有问题）。

（3）情感活动：负面情绪体验（包括抑郁、焦虑、恐惧等）是否非常明显，而且持续时间长（抑郁时长大于2周，焦虑、恐惧时长大于3个月），很难自我调整。

（4）意志行为：是否有自己或他人无法理解的异常行为，是否意志消沉，是否学习和工作困难。

自我评估并不能替代专业的心理诊断，如果评估下来，你存在以上1个或多个方面异常情况，那就需要去医院进行专业的心理评估和诊断。

如果你没有以上的情况，但感觉自己处于心理不健康状态，可以从以下几个维度评估自己是否心理不健康。

（1）情绪体验：能否正确觉察自己的情绪，能否通过事件发觉自己的情绪特点，能否评估自己的情绪状态和管理不良情绪。

（2）自我认识：能否全面、客观地认识自我、评价自我和自我调节。

（3）人际交往：是否有稳定和谐的人际关系，是否有完善的人际支持系统。

（4）认知效能：对事物认知是否正常，能否独立解决日常生活和工作中遇到的问题。

（5）适应能力：面对负面事件时，能否保持良好的心态并积极应对。

通过上述所说的几个维度，我们基本可以判断自己的心理健康状态，但有的时候，我们对自己的评估会出现认知盲区和情绪盲区。

认知盲区是指我们通常对自己的表现和能力的评估不够准确，容易被一种"自上而下的思维模式"所限制，即我们对于自己能力的认识，并不是基于实际表现或过去的经验，更多是来自一种没有事实依据的、关于自身能力的信念。比如，相信自己在考试中能考出好成绩，实际成绩出来后分数平平。情绪盲区是指我们有时对自己的真实感受其实并不了解，我们的大脑通常会选择最不费力气的方式来回答问题。例如，当被问到"你这段时间开心吗？"大脑会在人们毫不知情的情况下悄悄将题目替换成不费脑筋的另一个版本："你此刻开心吗？"我们会以当下的感受或者直觉给出一个答案，而不会认真回顾这段时间所发生的事，并对此做出一个较为准确的判断。因此，在进行心理评估时，我们还需要他人的帮助。

2.他人反馈

为了获得一个更全面、准确的他人眼中自己的形象，我们需要了解生活中各个方面的人对我们的看法，如伴侣、亲人、朋友、同事等。为此，我们可以设计一些具体问题，比如"你认为我近期的情绪状态怎么样"，并邀请他人在1~10中选取一个数字，数字越大代表情绪状态越好。比起需要自己输出内容的开放式问题，人们更愿意回答选择题。

虽然了解他人对我们的看法和意见是进行心理评估的重要部分，但并不是所有的外界反馈都具有同等的价值。我们需要寻求"对"的反馈，所以在选择对象时要避免两种人：无爱的批评者和无批评的爱人者。前者指的是那种无论我们做什么都会指责和批评我们的人，例如善妒的同事；后者则是无论我们做什么，都不会批评我们的人，例如坚信自己的孩子完美无缺的父母，或习惯性讨好他人的老好人。这两类人的反馈带有过于浓重的主观色彩，对我们进行自我评估帮助很小。

3.专业评估

当我们有心理困扰但不知道是何原因时，还可以寻求专业人员，如心理咨询师、心理治疗师或临床医生等的帮助。专业人员对于有心理困扰并寻求帮助的来访者进行干预处理之前，必须首先对他们的心理问题进行评估。

心理评估主要是对健康人、亚健康人或患者的认知能力、情绪、心理状态和人格特征做出评价与估计，帮助来访者了解自己的心理健康状态，以进一步改善其状态，俗称心理体检。心理评估是一个过程，且并非都能在初次接触谈话后就可以完成，有的需要经过多次交流沟通才能做到广泛、全面的评估。

 ## 应对之道

　　人生路上，我们总会面对一些困惑，产生一些不良情绪，出现一些心理问题。我们需要学会一些自我调适的方法，根据自身情况进行自我调适，从而使自己的生理功能和心理功能始终处于最佳状态。

　　自我激励法。它主要是指用生活中的哲理、榜样的事迹或明智的思想观念来激励自己，以便同各种不良情绪作斗争，坚信未来是美好的。自我激励法可以帮助我们增强自信心，消除自卑感，保持良好的情绪和心态。

　　注意转移法。它是指把注意力从产生消极否定情绪的活动或事物上转移到能产生积极肯定情绪的活动或事物上来，如听音乐、跑步、跳绳等，此外，我们还可以适时地转换参与心理过程的诸因素的关系，包括认知角度、思维和行为方式的转换等。

　　适度宣泄法。当遇到各种矛盾冲突引起的不良情绪时，我们应及时进行调整或适度宣泄，使压抑的心境得到缓解和改善。宣泄的较好方法是向家人或朋友倾诉自己的忧愁、苦闷，使不良情绪得到疏导。

　　自我慰藉法。也称自我安慰法，实质就是自我辩解。如在工作中遇到困难和挫折，已经尽了最大努力仍无法改变时，我们可以说服自己适当让步，不必苛求，承认并接受现实，摆脱烦恼。

　　除此之外，还有自我放松法、自我重塑法、环境调节法、自我暗示法、幽默疗法等。

心理小贴士

挥拍类运动，有益心理健康

众所周知，适当运动能够增强个体的身体素质，降低各种疾病发生的风险。但是，哪项运动能更有效地促进我们的心理健康，也是我们需要关注的。英国牛津大学历时5年研究了120万人发现：挥拍类运动和有氧体操是使身心方面都受益最高的运动，且每次锻炼的最佳时长应该在45~60分钟之间。而羽毛球、乒乓球、棒球、网球等都属于挥拍类运动。

挥拍类运动能从哪些方面促进我们的心理健康呢？

1.有效改善情绪状态。挥拍类运动一般是多人参与且充满竞技性的运动，它能给参与者提供一种社会性的、释放本能的攻击动机的环境。对于处在负面情绪状态下的个体来说，通过这种运动能有效地释放自己的心理压力，缓解内心的焦虑、抑郁。

2.提高自信心，增强抗压能力。竞技类的运动项目要求参与者注意力集中、熟悉竞技规则，能从各方面调动自己的身体机能，且竞技就会有输赢，对参与者来说是身体素质和心理素质的双重考验。获得比赛的胜利会使参与者形成一种情感上的体验，能提高他们的自信心，而比赛的失利也能让个体认识到自己的不足，提高抗压能力。

3.促进个体感知能力的发展，提高睡眠质量。挥拍类运动能提高个体大脑皮层兴奋和抑制的协调作用，增强大脑皮层神经系统的均衡性和准确性，促进个体感知能力的发展。此外，挥拍类运动作为一种有氧运动形式，通过提高心肺功能、促进血液循环和放松身心等方式，对改善睡眠质量有着积极的影响。

当然，任何运动都要考虑自身的身体状况，适当运动、正确运动才能更好地维护自身的身心健康。

什么情况下需要专业心理咨询帮助？

亲爱的陈老师：

您好！

回家之后，这份心理咨询总结一直拖到现在才动笔。因回家后思绪万千，不知从何下笔。

此时此刻，我就像一个突然长大了许多的男孩，站在某个路口，回望另一个自己如何跌跌撞撞、气喘吁吁却又不愿放弃地走来。还记得之前做过的一个小结，我说那段时间是我长大以来情绪状态最不好的阶段，饱受挫败、焦虑、迷茫、懊悔等负面情绪的困扰，每天都活得很累，没有力量，失去了往日的光彩。

如今，我不仅一扫阴霾，恢复了往日的光彩，甚至觉得自己变得强大了许多。感谢陈老师这一路的陪伴、接纳与引导，让我走出阴暗潮湿的隧道，迎来了光明。

还记得我第一次去寻求心理咨询帮助时，走到门口后有点犹豫，但最后还是鼓起勇气走了进去，没想到也因此开启了一段如此美妙的心灵之旅。用陈老师的话来说，这叫作"遇见未知的自己"。在这里，要感谢机缘巧合，感谢陈老师，也感谢自己。

这是一名来访者接受心理咨询后写下的总结，可见，心理咨询给他带来了巨大的改变，且是积极的改变。

那么，在什么情况下我们需要接受专业心理咨询呢？

当我们情绪不佳的时候，往往会进行自我调节。一般情况下，我们能将自己的情绪控制在稳定状态。但当我们感到长时间情绪低落或高涨、人际关系紧张、行为不受控制、身体不适却查不出生理疾病、感到迷茫无助，且自己难以缓解时，就需要积极寻求心理咨询师的帮助。

心理咨询师的主要工作内容是对一般心理问题的确定及干预，而一般心理问题属于心理正常的心理不健康范畴（本书第1问中有提到）。此外，面对一般的心理困扰时，我们也可以寻求心理咨询师的帮助，并非有心理问题的人才能寻求帮助。心理咨询的对象可以是心理健康的人、心理不健康的人，以及稳定服药的心理异常患者。

一般心理问题可以分为以下几类。

1.婚姻家庭类。此类问题主要发生在婚姻关系和家庭成员之间。如夫妻相处模式出现问题，当个体不能妥善处理时就容易出现心理冲突，感到安全感的缺失甚至痛苦，导致出现一般心理问题。

例：小王，女，26岁，结婚两年，有一个两岁的女儿。因丈夫忙于工作对家庭基本不关心，小王将全部精力都放在女儿身上，所以夫妻之间交流很少，也经常吵架。小王觉得丈夫不关心家庭，对婚姻不重视，双方相处模式出现问题，无法调节，近来时常感到内心烦闷痛苦，于是前来咨询。

2.个人成长类。个体在成长过程中，不可避免地会遇到失败或挫折，当个体经历失败或挫折时能够调整心态，积极应对，便会成长。但个体因缺乏勇气和自信，缺少应对策略，就容易产生心理冲突和不良情绪，导致出现一般心理问题。

例：小吴，女，30岁，某中学英语教师。因评选优秀教师失败，她对自身能力产生怀疑，失去自信心，对教学工作的积极性降低，对个人未来的发展感到迷茫与焦虑，前来咨询。

3.恋爱类。恋爱是人在成长过程中可能经历的阶段，但恋爱相对婚姻来说更不稳定，问题形式也更多样，暗恋、单恋、失恋、多角恋、相处模式不协调等都可能导致出现心理问题。

例：小刘，男，26岁，某高中教师。大学时期谈的女友认为不适合与他步入婚姻，于是选择与小刘分手。小刘因此感觉很痛苦，近半个月以来心情低落、兴趣减退，在朋友的建议下前来咨询。

4.生活事件类。个体在生活中可能会遇到负面生活事件或应激事件。当个体无法正确、积极地应对这些事件时，就很容易产生心理问题，甚至出现心理障碍。

例：小李，男，32岁，某职业学校教师。来访者因去外地旅游时出现呼吸困难、产生窒息感等高原反应，从而产生了害怕、恐惧的情绪。之后小李感染其他疾病也出现了类似的感觉，虽去医院检查没有问题，但还是不断地为此感到担忧、恐惧。该情况已持续一个月有余，小李于是前来咨询。

5.人际关系类。人际关系是指人类在社会活动中与其他社会成员建立起来的心理关系。当个体在人际关系中遭遇挫折性事件，又不知如何处理时，就可能会出现一些问题，从而给个体带来不良的情绪体验，产生一般心理问题。

例：小赵，男，30岁，某中学教师。他有一群朋友，每次朋友过生日的时候，他都会买蛋糕前去祝贺；朋友们有事，他也都会提前到场。但是当自己过生日的时候，朋友们的反应却不如他想的那般热情，尤其是自己最近有事，寻求帮助时几次遭到了拒绝。小赵深感自己交错了朋友，为此感到焦虑、困惑不解，无法自我调节，于是前来咨询。

6.学习类。学习是一个长期过程，在学习过程中因为各种压力或学习方法不当等也可能导致一般心理问题的出现。

例：小叶，女，35岁，某高中教师。为响应学校新一轮基础教育课程改革的要求，她废寝忘食地钻研教材、教法，并积极向同行请教。但经过一段时间的教改后发现，学生的学习积极性未有明显提高。并且，学生还抱怨作业多、任务重。小叶对自身的学习能力感到挫败，非常焦虑、烦躁，主动前来寻求咨询师的帮助。

7.适应性问题。当生活环境发生改变，个体无法从容面对新的生活环境时，就有可能出现一般心理问题。

例：小何，男，27岁，某中学教师。因工作岗位调动，他从南方某城市调入北方某城市工作。但由于气候、生活环境以及工作内容的改变，他感到非常不适应。例如，出现了水土不服的情况，小何近段时间常常往医院跑。同时，他与同事相处也不够融洽，和他们聊几句就冷场，感觉无法融入新的工作环境中，进而产生了焦虑情绪，工作效率也不断下降。小何既不能回到原来的工作岗位，又无法改变目前的状况，本来抱着满满的斗志想要在职业发展上更进一步，结果却事与愿违，感觉自己生活得很难受，产生了一般心理问题。

8.性格等心理特点所导致的心理问题。一些个体的心理特点，如自卑、倔强、完美主义、孤僻等都可能引起一般心理问题。

例：小张，女，31岁，某中学教师。她个性较强，在开车的时候因为一些司机的不文明驾驶行为让她非常愤怒，时常控制不住自己的情绪，甚至有时候会产生"路怒"情况，自觉烦恼无比，于是前来咨询。

 ## 应对之道

当我们需要心理咨询时，可以寻求哪些途径？

学校心理咨询。对于学生或教师而言，面临心理问题的困扰时，可以到学校的心理教育中心找专业的心理老师进行心理咨询。

门诊心理咨询。一些综合性医院、精神卫生中心和卫生保健部门设有心理咨询门诊，当我们产生一般心理问题或严重心理问题时，可以去门诊挂号，找专业的心理咨询师进行心理咨询。

社会心理咨询机构。当我们面临心理问题的困扰时，还可以去寻求社会心理咨询机构里有资质的心理咨询师的帮助。判断心理咨询师是否专业，可以从从业资质（如有国家二/三级心理咨询师、心理治疗师等资质证书）、长程系统的受训背景（至少是两年的系统培训）、咨询时数（接待来访咨询的小时数）、督导时数（咨询师接受上级督导师督导的时数）、持续个人体验或个人分析等方面去判断。

网络心理咨询平台。一般情况下，心理咨询是咨询师和来访者在专门的咨询室里面对面地进行。而网络心理咨询是一种非面对面的远程咨询，它可以突破地域的限制，还可以通过专业的软件程序进行心理问题的评估与测量，同时将心理咨询过程全程记录（必须征得当事人同意），以便深入分析来访者的问题和进行案例讨论等。目前有很多网络心理咨询平台，可以提供专业的网络心理咨询服务。

电话咨询。多为处于企图自杀、自残、伤害他人或突然遭遇严重的应激事件，且情绪极不稳定的人提供帮助（如江西省社会心理服务热线966525，24小时提供免费心理服务）。一些高校、医院或正规机构平台也会开设相应的心理援助热线，通常24小时服务有需求的人。当我们出现危急情况时，可以通过电话寻求帮助。

心理小贴士

心理咨询的流程是怎样的

预约心理咨询。我们可以通过上述途径找到能提供心理咨询服务的个人、机构、医院，采取电话预约或者网上预约的方式预约咨询。在正式开始咨询前，我们需要提供一些基本情况，如性别、年龄、对咨询师的要求等，以便匹配合适的心理咨询师。

初诊接待。初诊接待是指我们来到心理咨询室之后，咨询师接待我们并对我们的困扰进行初步的判断，明确我们是否可以进行心理咨询。

收集资料。当我们的困扰有可能属于心理咨询的范畴时，咨询师就会通过提问、聊天等方式收集相关资料，明确我们能否与咨询师建立咨访关系。如果不能，则进行转介。如果能，则继续商定咨询方案。

确定咨询方案。确定可以建立咨访关系后，咨询师会和我们商定心理咨询的方案。方案内容包括咨询目标、咨询方法、咨询效果及评价手段、双方的责任、权利、义务、次数与时间安排、咨询费用等。

正式开始咨询。在完成以上的步骤之后，心理咨询就正式开始。心理问题不是一天形成的，解决心理问题也需要一个过程，所以心理咨询是需要多次进行的。

咨询效果评估。咨询师会在整个心理咨询过程中重复评估咨询效果，根据咨询效果调整咨询方案。

结束心理咨询。通过一系列的咨询，我们会感受到心理问题有所缓解，这时候可以根据情况中止咨询关系。之后心理咨询师会总结经验，并且做好分离处理，正式结束咨询关系。

在心理咨询的整个过程中，心理咨询师会运用心理咨询技术了解并协助来访者解决存在的困扰。咨询师的真诚、尊重、共情与积极关注能让来访者更容易产生力量，行为更具有适应性。除了咨询师的专业技术和个人阅历，来访者对咨询师是否信任、咨询过程中是否积极参与也会影响咨询效果。

心理测验结果异常就表明心理不健康吗?

夏老师是一名中学教师,最近一段时间她总是感到情绪低落,回避与人交往,偶尔还会失眠。她在全校统一开展的教师心理普查中做了一次症状自评量表(SCL-90)测验,除了抑郁因子的得分高于2以外,精神病性因子中有一题的得分也高于2。她觉得这是阳性项目,表示自己有精神分裂症的症状。这个结果把她吓坏了,情绪更加低落,并且因此十分焦虑,总担心有一天自己会患上精神病,做出什么丧失理智的事情来。犹豫再三,夏老师到精神卫生中心向心理医生进行了咨询。医生告诉她:"你目前只是存在一些抑郁情绪,但还没有达到抑郁症的诊断标准,与精神分裂症完全是两码事,不能仅凭一个阳性项目就认为自己有精神分裂症。此外,单靠一份测验或问卷的结果,也不能直接就判断测试者有问题,还需要专业人员对测试者的评估和判断。"至此,她才放下心来。

看完上述案例，大家或许会对心理测验产生不少疑惑，下面我们来认识和了解一下什么是心理测验，它有什么作用？

心理测验是指用经过科学验证的且被科学界广泛认同的专业性量表对来访者进行测试。它以问答的形式进行，分为自评量表（测试者能独立完成并根据标准进行评价）和他评量表（评估者根据被评估者的行为观察或访谈所进行的量化评估）两种。一般来说需要两个量表同时进行，而且自评量表与他评量表互相印证，可信度才会更高。心理测验只是用来进行心理诊断的一个辅助工具，不同于其他疾病的检查可以直接帮助医生进行确立诊断，它是不能直接作为心理诊断依据的。但心理测验在评估心理疾病严重程度方面还是很有帮助的，而且可以通过连续性的评估来判断药物或者心理干预是否有效。

在上述案例中，夏老师所做的SCL-90量表结果显示抑郁因子的得分较高，在反映精神病性症状的项目中，有一个阳性项目，她因此对测验结果充满担忧，直到经过医生的专业诊断才放下心来。那么，心理测验结果异常就一定表明心理不健康吗？

其实，不管什么测验都可能存在误差，心理测验也是一样的。导致误差的原因有很多，测试者对问卷表述的理解、测试工具的信效度、测试的环境等都有可能影响测试结果。例如，在SCL-90中有这样一个问题：心里想的事情就算不说出来，你觉得别人也知道。如果你回答"是"，就有可能被认为有"精神病性症状"，术语叫作"被洞悉感"。被洞悉感是指一个人认为其内心所想的事，未经语言文字表达就被他人知道了，但是通过什么方式被他人知道的则不一定能描述清楚。案例中的夏老师是一个不善于掩饰自己内心想法的人，别人可以通过她的各种表现推断出她的情绪和想法，所以她选择了"是"。很显然，这不是真正的被洞悉感。此外，量表的使用是有针对性的，不同的量表测试不同的人格特质或者心理特征。

了解到这里，大家或许会想心理测验还有作用吗？

当然是有作用的。标准的心理测验结果可以起到参考作用，帮助我们评估自己的心理健康状态，决定是否需要心理咨询或去看精神科医生。对临床心理治疗而言，心理测验可以使咨询师资料的收集更加完整，方便对来访者的症状进行筛查，有很好的鉴别效果。心理测验还能够客观量化评估，增加来访者和咨询师之间的信任感，让来访者在咨询过程中安心，并全力配合咨询师的工作。合理运用心理测验，对心理治疗具有事半功倍的效果。

 ## 应对之道

任何工具都需要正确使用才能发挥其作用。那么，我们应该如何正确地使用心理测量工具呢？

不滥用心理测量工具。对于心理测量工具的使用，我们需要以严谨且专业的态度去对待，不能随便滥用心理测量工具。一些未经专业培训的人员，随意将心理测量工具给不适合的人群使用，或者自己随意使用量表进行心理测验，很可能导致不好的情况产生。例如，将一项针对16岁以上人群使用的明尼苏达多项人格测验（MMPI）给一群10岁左右的学生使用，得出的结果会有偏差，这些学生有可能会被认为存在心理障碍。此外，网上也有很多不科学的心理测试，人们在浏览时易对此好奇且相信最终结果，但得出的结果并不专业，最终影响个体对自己的认知和判断。

以正确、客观、专业的态度看待心理测量结果。对任何心理测量的结果，不管是当事人还是心理工作者都应该采取的基本态度是：心理测量永远都只能是诊断的辅助工具，只有参考价值，不能作为确诊的唯一依据，过分地相信心理测验的"预测性"，在很大程度上就和相信算命没有什么区别。心理测量的结果具有暗示性。对一个暗示性很强的人来说，测量的结果会对他的情绪、行为和看法产生影响，从而使测验结果显得"很准确"，但这样的"准确性"对测试者是不利的。如果说心理测量是反映我们心理状况的一面镜子，那它也只能算是一面模糊的镜子，反映的是不清晰、不精确的心理状况。它在任何情况下，都不能取代一个受过专业训练并取得专业资质的心理医生的作用。正确的心理诊断只能在心理医生和来访者谈话之后做出，如果心理医生的判断与心理测量的结果不一致，应该以心理医生的判断为准。

每天学点心理学：教师心理健康知识手册

心理小贴士

症状自评量表
（Symptom Check List 90，SCL-90）

指导语：以下表格中列出了有些人可能会有的问题，请仔细阅读每一条，然后根据最近一周以内下述情况影响您的实际感觉，在相应的数字上画一个"√"。

症状	没有	很轻	中等	偏重	严重
1.头痛。	1	2	3	4	5
2.神经过敏，心中不踏实。	1	2	3	4	5
3.头脑中有不必要的想法或字句盘旋。	1	2	3	4	5
4.头昏或昏倒。	1	2	3	4	5
5.对异性的兴趣减退。	1	2	3	4	5
6.对旁人责备求全。	1	2	3	4	5
7.感到别人能控制您的思想。	1	2	3	4	5
8.责怪别人制造麻烦。	1	2	3	4	5
9.忘性大。	1	2	3	4	5
10.担心自己的衣饰的整齐及仪态的端正。	1	2	3	4	5
11.容易烦恼和激动。	1	2	3	4	5
12.胸痛。	1	2	3	4	5
13.害怕空旷的场所或街道。	1	2	3	4	5
14.感到自己的精力下降，活动减慢。	1	2	3	4	5
15.想结束自己的生命。	1	2	3	4	5
16.听到旁人听不到的声音。	1	2	3	4	5
17.发抖。	1	2	3	4	5
18.感到大多数人都不可信任。	1	2	3	4	5
19.胃口不好。	1	2	3	4	5
20.容易哭泣。	1	2	3	4	5
21.同异性相处时感到害羞不自在。	1	2	3	4	5
22.感到受骗、中了圈套或有人想抓住您。	1	2	3	4	5
23.无缘无故地突然感到害怕。	1	2	3	4	5
24.自己不能控制地大发脾气。	1	2	3	4	5
25.怕单独出门。	1	2	3	4	5
26.经常责怪自己。	1	2	3	4	5

（续表）

症状	没有	很轻	中等	偏重	严重
27.腰痛。	1	2	3	4	5
28.感到难以完成任务。	1	2	3	4	5
29.感到孤独。	1	2	3	4	5
30.感到苦闷。	1	2	3	4	5
31.过分担忧。	1	2	3	4	5
32.对事物不感兴趣。	1	2	3	4	5
33.感到害怕。	1	2	3	4	5
34.我的感情容易受到伤害。	1	2	3	4	5
35.旁人能知道您的私下想法。	1	2	3	4	5
36.感到别人不理解您、不同情您。	1	2	3	4	5
37.感到人们对您不友好，不喜欢您。	1	2	3	4	5
38.做事必须做得很慢以保证做得正确。	1	2	3	4	5
39.心跳得很厉害。	1	2	3	4	5
40.恶心或胃部不舒服。	1	2	3	4	5
41.感到比不上他人。	1	2	3	4	5
42.肌肉酸痛。	1	2	3	4	5
43.感到有人在监视您、谈论您。	1	2	3	4	5
44.难以入睡。	1	2	3	4	5
45.做事必须反复检查。	1	2	3	4	5
46.难以作出决定。	1	2	3	4	5
47.怕乘电车、公共汽车、地铁或火车。	1	2	3	4	5
48.呼吸有困难。	1	2	3	4	5
49.一阵阵发冷或发热。	1	2	3	4	5
50.因为感到害怕而避开某些东西、场合或活动。	1	2	3	4	5
51.脑子变空了。	1	2	3	4	5
52.身体发麻或刺痛。	1	2	3	4	5
53.喉咙有梗塞感。	1	2	3	4	5
54.感到前途没有希望。	1	2	3	4	5
55.不能集中注意。	1	2	3	4	5
56.感到身体的某一部分软弱无力。	1	2	3	4	5
57.感到紧张或容易紧张。	1	2	3	4	5
58.感到手或脚发重。	1	2	3	4	5

症状	没有	很轻	中等	偏重	严重
59.想到死亡的事。	1	2	3	4	5
60.吃得太多。	1	2	3	4	5
61.当别人看着您或谈论您时感到不自在。	1	2	3	4	5
62.有一些不属于您自己的想法。	1	2	3	4	5
63.有想打人或伤害他人的冲动。	1	2	3	4	5
64.醒得太早。	1	2	3	4	5
65.必须反复洗手、点数。	1	2	3	4	5
66.睡得不稳不深。	1	2	3	4	5
67.有想摔坏或破坏东西的冲动。	1	2	3	4	5
68.有一些别人没有的想法。	1	2	3	4	5
69.感到对别人神经过敏。	1	2	3	4	5
70.在商店或电影院等人多的地方感到不自在。	1	2	3	4	5
71.感到任何事情都很困难。	1	2	3	4	5
72.一阵阵恐惧或惊恐。	1	2	3	4	5
73.感到公共场合吃东西很不舒服。	1	2	3	4	5
74.经常与人争论。	1	2	3	4	5
75.单独一人时神经很紧张。	1	2	3	4	5
76.别人对您的成绩没有做出恰当的评价。	1	2	3	4	5
77.即使和别人在一起也感到孤单。	1	2	3	4	5
78.感到坐立不安心神不定。	1	2	3	4	5
79.感到自己没有什么价值。	1	2	3	4	5
80.感到熟悉的东西变成陌生或不像是真的。	1	2	3	4	5
81.大叫或摔东西。	1	2	3	4	5
82.害怕会在公共场合昏倒。	1	2	3	4	5
83.感到别人想占您的便宜。	1	2	3	4	5
84.为一些有关性的想法而很苦恼。	1	2	3	4	5
85.您认为应该为自己的过错而受到惩罚。	1	2	3	4	5
86.感到要很快把事情做完。	1	2	3	4	5
87.感到自己的身体有严重问题。	1	2	3	4	5
88.从未感到和其他人很亲近。	1	2	3	4	5
89.感到自己有罪。	1	2	3	4	5
90.感到自己的脑子有毛病。	1	2	3	4	5

项目和评定标准：

本量表共90个项目，包含有较广泛的精神症状学内容，从感觉、情感、思维、意识、行为直至生活习惯、人际关系、饮食睡眠等均有涉及。

每一个项目均采取5级评分制，具体说明如下：

没有：自觉无该项症状（或问题），计1分。

很轻：自觉有该项症状，但对受检者并无实际影响或影响轻微，计2分。

中等：自觉有该项症状，对受检者有一定影响，计3分。

偏重：自觉常有该项症状，对受检者有相当程度的影响，计4分。

严重：自觉该症状的频度和强度都十分严重，对受检者影响严重，计5分。

这里所指的"影响"，包括症状所致的痛苦和烦恼，也包括症状造成的心理社会功能损害。

结果分析：

1.各因子及其意义

（1）躯体化。包括1，4，12，27，40，42，48，49，52，53，56和58，共12项。该因子主要反映主观的躯体不适感。

（2）强迫症状。包括3，9，10，28，38，45，46，51，55和65，共10项。反映临床上的强迫症状群。

（3）人际关系敏感。包括6，21，34，36，37，41，61，69和73，共9项。主要指某些个人不自在和自卑感，尤其是在与他人相比较时更突出。

（4）抑郁。包括5，14，15，20，22，26，29，30，31，32，54，71和79，共13项。反映与临床上抑郁症状群相联系的广泛的概念。

（5）焦虑。包括2，17，23，33，39，57，72，78，80和86，共10项。指在临床上明显与焦虑症状相联系的精神症状及体验。

（6）敌对。包括11，24，63，67，74和81，共6项。主要从思维、情感及行为三个方面来反映受测者的敌对表现。

（7）恐怖。包括13，25，47，50，70，75和82，共7项。它与传统的恐怖状态或广场恐怖所反映的内容基本一致。

（8）偏执。包括8，18，43，68，76和83，共6项。主要是指猜疑和关系妄想等。

（9）精神病性。包括7，16，35，62，77，84，85，87，88和90，共10项。其中有幻听、思维播散、被洞悉感等反映精神分裂样症状项目。

（10）其他。包括19，44，59，60，64，66及89，共7项，未能归入上述因子，它们主要反映睡眠及饮食情况。

2.统计指标

SCL-90统计指标主要有以下各项，其中最常用的是总分与因子分。

（1）单项分：90个项目的单项评分值。

（2）总分：90个项目单项分相加之和。

（3）总均分：总分/90。

（4）阳性项目数：单项分≥2的项目数，表示受检者在多少项目上呈现"有症状"。

（5）阴性项目数：单项分=1的项目数，表示受检者"无症状"项目有多少。

（6）阳性症状均分：阳性项目总分/阳性项目数；另一种计算方法为（总分－阴性项目数）/阳性项目数。表示受检者在所谓阳性项目，即"有症状"项目中的平均得分，反映受检者自我感觉不佳的项目其严重程度究竟介于哪个范围。

（7）因子均分：计算各个因子的平均得分，将各个因子得分除以该因子的项目数。

3.成人常模和分界值

按照全国常模结果总分超过160分，或阳性项目数超过43项，或任一因子分超过2分，可考虑筛查阳性，须进一步检查。

4.应用评价

该量表是一个精神症状（心理问题）筛查量表，而不是精神疾病诊断量表。其划界值是我国研究者提出的一个参考标准，即使被测者超过该标准并不意味着他肯定有精神障碍或心理问题，只提示他需要接受专业人员的进一步检查。这一点应引起所有使用者的重视。

教师心理不健康会伤了谁?

　　李老师是一名初中语文教师,因为之前所带班级的语文成绩优异,学校让其担任初一某班的班主任。但由于没有担任班主任的经验,加之班级里有些学生比较难管理,她经常被焦虑和挫败的情绪困扰,时间长了,便有些轻度抑郁症状。她回到家也习惯性地板着一张脸,令其丈夫和女儿都不敢大声说笑,说话都得小心翼翼。

　　除此之外,这些负面情绪也影响了她的教学工作,消减了她的职业热情。彼时,她对工作产生了浓浓的疲惫感与厌倦感,总在无意中将自己的坏情绪"宣泄"在学生身上,只要学生出现问题,她的第一反应便是学生犯错了、惹事了。一次一名学生迟到,学生向她解释说遇到了修路,绕路来晚了。她下意识地认为学生在撒谎,并严厉批评了他。被误解的学生很气愤,和她吵了起来。还有一次,班级的平均成绩与其他班级相比差距比较大,被其他班的某些学生嘲笑是"差生班""最烂的班级"。学生们忍不

住与对方发生了冲突，李老师知道后没细问缘由，只一味地责怪自己班的学生，却遭到他们的抗议说她不维护自己的学生……在种种负面情绪的驱使下，李老师处理学生问题越来越"简单粗暴"，几次下来，学生们的对抗情绪愈发强烈，导致她在工作中的负面情绪越来越严重，形成了一个难以打破的闭环。

心理解读

在上述案例中，李老师由于受到焦虑和挫败感等负面情绪的困扰，产生了轻度抑郁。当她的心理出现问题时，这些负面情绪也影响了她的家人、学生和工作。

那么，心理不健康对教师而言会产生哪些影响呢？

对个体生理的影响。生理健康和心理健康之间是相互作用、相互联系的辩证统一体，前者是后者的基础和载体，后者又是前者的条件和保证。心身医学认为，生理疾病的发生、发展与心理因素有着密切的关系。从心身疾病的角度来说，心理因素在疾病的发生和发展过程中起着重要的作用，如在某种人格特征、不良的情绪、压力、心理冲突等心理因素的诱发下，很容易导致机体的生理功能持续紊乱、组织损害和结构改变的器质性躯体疾病。在生理疾病的产生中，由心理因素直接导致的占10%左右，由心理因素间接导致的占50%以上。在生理疾病的恢复中，心理因素占35%。有研究已经证实，心理因素可以对呼吸、循环、消化、内分泌和神经等系统中的多种疾病产生直接影响。如有研究者发现，在冠心病患者中有一种特征性的行为模式，被称为"A型人格"。具有这种人格的人有下列表现：为取得成就而努力奋斗，富有竞争性，很容易不耐烦，有时间紧迫感，固执己见，有旺盛的精力和过度的敌意。具有这种人格的人，平时精神紧张度就很高，稍遇刺激就会心跳加快、呼吸加快、血清胆固醇和甘油三酯平均浓度增加，长期如此，易患动脉硬化、高血压、冠心病等。

对学生心理健康和教学质量的影响。焦虑、抑郁、愤怒、悲伤、羞愧、内疚，这些都是我们常见的消极情绪，如果这些情绪不能得到有效的控制和宣泄，就会严重影响我们的日常生活，让我们陷在消极情绪中，从而失去体验生活的能力。而教师是影响学生心理健康的一个极为重要的因素。有些教师不能有效地应对负面情绪，便可能迁怒学生，对学生的心理健康也产生不良的影响。研究表明，如果教师缺乏健全的人格，心理不健康，对学生冷漠无情或随意惩罚学生，久而久之，学生就会出现焦虑、恐惧、逃学、出走等心理和行为问题，危害学生的心理健康。

除了对学生的心理健康产生影响，教师如果存在心理问题还可能导致其教学质量受到影响。心理不健康的教师在课堂上极易表现出不冷静，讲课思路混乱，动辄发火，这极易使学生形成逆反心理，产生抵触情绪，从而严重影响教学效果。如果学生对教师产生极大的不满，教师又对学生缺乏耐心，双方很容易产生对抗情况，这不仅对学生的学业产生损害，还会导致教师对自己的事业产生无价值感和无力感。

对工作和生活的影响。不健康的心理会影响正常的社会功能，比如，在工作中无法和他人合作，在婚姻中不能有效沟通，在子女教育中不能和子女形成良好的依恋关系。长此以往，幸福感大大下降，生活质量随之越来越差。人是社会动物，没有良好的人际关系会让我们在工作和生活中步履维艰。教师这一职业的特殊性，要求教师不仅需要与学生沟通交流，还要与同事相互学习，与家长共同合作。如果教师不能迅速而正确地解决心理问题、调节好情绪、选择恰当的应对之道，就不能更好地创造一个轻松、愉快、和谐和温暖的生活及工作环境。

对社会的影响。心理问题对个体的社会生活能力和劳动生产力的损害是巨大的，它所导致的心灵痛苦不亚于躯体疾病所导致的痛苦。有些人在应激状态下，可能产生攻击性和反社会等影响社会治安与工作秩序的行为，成为影响社会安定的因素之一。此外，精神疾病有可能给患者及其亲属带来社会歧视、自罪感等不利影响。随着经济的快速发展和社会竞争的加剧，心理问题对人类健康和社会可持续发展的危害将会越来越严重。

教师工作具有群体效应，他们不健康的心态会影响很多人。因此，身为教师，维护自身的身心健康极为重要。

那么，教师应该怎样提高自己的心理健康水平呢？

学会自主地减轻压力。教师的工作特点决定了其工作状态往往是24小时"待机"，极易导致人的心理状态不佳。部分教师在繁重的教学任务之外，还承担了大量的行政工作。一个人的精力是有限的，长此以往，教师的职业幸福感会降低，可能会出现职业倦怠的现象。学会自主地减轻心理压力，加强人际交往，为自己创造和谐的人际关系和轻松愉悦的工作环境，从而有效地减轻对工作的不适感和压力感。教师通过扩展自己的交际圈，参加各种社会活动，也可以起到调节生活的作用，避免因长期重复单调的工作而出现疲倦现象。此外，教师通过向家人、朋友、同事等倾诉自己在生活和工作中的烦恼也可以有效地缓解心中的压力。

学会正确地认识自我。百年大计，教育为本；教育大计，教师为本。正因为教师如此重要，不同的主体对教师的角色有不同的期望，对教师的工作有不同的评价标准。国家和社会期望教师充当知识的传播者、集体的领导者；家长和学生期望教师是学识渊博、无所不知的学者型、智者型人才；而学校总是期望教师在教学工作中，个个都是佼佼者。但是，教师毕竟是一个个普普通通、有血有肉的人，不可能同时达到众人的期望值。过重的心理负担会导致教师的心理失衡，出现心理健康问题。正确地认识自我，是心理健康自我维护的第一要义。教师需要接受来自社会、学校、学生和家长的评价，理解教师的职责，正确地看待自己，客观地认识自己，才能正确地看待他人对自己的评价。做自己认为该做的事情，接受自己的成功和失败，接受自己的优点和缺点，才能更好地处理和解决工作中遇到的各种问题。

学会关注自己的心理状态。教师需要有心理保健的意识，要关注自己的心理健康状况。教师可以系统掌握心理学、心理卫生学和心理健康教育等知识，主动了解一些常见的心理问题的解决方法：如何保持良好的心理状态；如何克服狭隘、自卑、嫉妒等不良心态；如何面对工作；如何对待学生；如何面对在工作中遇到的挫折和失败；如何处理好各种人际关系；如何看待社会上的不良风气；等等。一般情况下，心理状态较好的教师，人际交往能力更强，交际圈也更加广泛。他们在应对个人或学生的心理问题时，积极改变的信念更强，求助和自助的行为更主动，解决问题的可能性更大。心理状态不好的教师往往具有较低的教学效能感，他们在面对困难和挫折时更多地表现为焦虑和无助，这样不仅无法解决问题，还会使问题更加严重。适时关注自己的心理健康状况，掌握心理调适的方法，维护自身的心理健康，才能更好地工作和生活。

学会提升心理和生理素质。兴趣是人们产生工作动机和学习动机的重要途径与心理机制之一。教师在工作之余，可以培养自己的兴趣爱好，在爱好中寻找乐趣，以驱散不健康的情绪，令生活更有意义。此外，适当的运动也能提升个体的身体素质。休闲之余运动一下，能有效缓解内心的压力，使自己的心理状态维持在稳定水平。

心理小贴士

烦恼箱

一位心理学家曾做过一个有趣的实验。

他要求一群实验者在周日晚上把未来7天将会遇到的烦恼事情都写下来，然后投入一个大型的"烦恼箱"里。第三周的星期日，他在实验者面前打开这个箱子，与成员逐一核对每项"烦恼"，结果发现其中90%的担忧并没有真正发生。接着，他又要求大家把那些真正发生的10%的"烦恼"重新丢入纸箱中，等过了3周，再来寻找解决之道。结果到了那一天，他开箱后发现，那些剩下的10%的"烦恼"已经不再是那些实验者的烦恼了，因为他们都有能力应对。

看完这个小故事，你有什么感悟呢？

在日常生活中，我们难免会对未来担忧，害怕自己对未来发生的事情毫无准备或者无法应对。因此，人们很容易陷入这种对未来的"恐惧"之中。当这种担忧和恐惧过多占据我们的内心时，我们就会开始焦虑、烦恼，感到不快乐。其实，面对已知或未知的烦恼，保持快乐是一种智慧。对于已知的烦恼，我们要积极面对，或许我们有能力解决它；对于未知的烦恼，我们欣然等待，因为它不一定会发生。

脾气变得焦躁易怒怎么办？

杜某，男，某中学的数学老师。随着对学校工作越来越熟悉，他觉得这份工作和他理想中的工作不一样。在学校，杜老师每天都需要给学生布置作业，批改作业。由于教授的学生人数比较多，他要批改七八十份作业，常常忙到晚上十点。同时，新学期有许多工作需要开展，杜老师要花大量的时间去完成，此类繁杂的事情经常让他忙不过来。此外，他的教学工作似乎也不太顺利，总是有学生反映上课听不懂，班级的数学成绩也越来越差。慢慢地，学生对他教授的数学提不起兴趣。

杜老师对这些事情感到烦闷和无力。他曾努力尝试去改变，但似乎没什么效果，觉得自己已经无法适应这份工作了。他开始对学校的规章制度看不惯，觉得这些学生不聪明。他的情绪越来越压抑、焦虑，脾气越来越差，开始不耐烦地对待周围的同事和学生，工作任务也不能及时完成。最后，杜老师因为情绪不稳定，对一个上课说话的学生恶语相向，甚至扇了该学生一巴掌，最终被学校辞退。

心理解读

在上述案例中，杜老师在面对繁杂的工作任务和与之不适的工作环境时，产生了一系列的负面情绪。面对这些负面情绪，杜老师不能很好地调节，从而导致情绪失调，对自己的工作和生活都产生了严重的影响。

那么，什么是情绪失调？

情绪是人对客观事物的态度体验及相应的行为反应，它产生于人的内心需求是否得到满足。其中，平静、微弱、持久的情绪状态叫作心境，又称心情；强烈、短暂、爆发，伴随生理变化和外部行为改变的情绪状态叫作激情；出乎意料的紧急情况引起的高度紧张情绪状态叫作应激。

情绪起起伏伏是很正常的，人总有开心、不开心或平静的时候。但是当我们发现无法控制自己的情绪，总是长时间出现消极情绪或激烈的情绪，甚至影响到行为表现和日常生活时，就是情绪失调了。如果我们控制不了自己的情绪，很容易造成不可挽回的后果。学生与教师接触较多，很容易感知到教师的情绪。当教师表现出不良情绪时，学生也会害怕、担忧，从而容易产生心理压力。因此，教师的情绪管理至关重要。

处于情绪失调状态的教师会表现出工作低参与、状态不投入、教学不理想、成就感降低等情况，对教育工作感到厌恶。

 ## 应对之道

为了不让自己的情绪失调，教师需要掌握情绪管理的方法。情绪管理可以分为四步。

第一步，觉察自己的情绪。要管理情绪，首先要能觉察到自己的情绪产生。在陷入情绪旋涡的时候，很多人是意识不到自己的情绪的。情绪出现的初期，我们的注意力会集中在事件上而不是情绪上。而随着事件的演变，情绪的强度也会不断变化。当情绪强度非常高时，我们很可能被情绪"牵着鼻子走"，处理问题时也较难保持理智。因此，管理情绪的第一步，是觉察情绪。

第二步，接纳自己的情绪。健康情绪不是指时刻处于阳光状态，而是你所表现出的情绪应与你所遇到的事件呈现一致性。当我们遇到糟糕的事情时，出现伤心、失落等负面情绪都是正常的。所以，当我们的情绪符合客观事实时，第一时间静下来想一想，暗示自己——我现在的情绪是正常的，但可能是非理性的。通过这种暗示，去觉察、接纳自己的情绪，让自己冷静下来，就不容易陷入情绪旋涡深处。

第三步，分析情绪产生的原因。通过觉察和接纳之后，我们能更理性地去分析情绪产生的原因是什么。认知是平衡主客观关系的杠杆，调整情绪需要认知的帮忙。当我们遇到负面情绪时，可以先想想哪些因素是可以改变的，哪些因素是短时间内不能改变的。改变自己目前所能办到的，对短时间内不能改变的因素，试试能否从其他方面进行补偿，从而减弱负面情绪对我们的困扰。

第四步，采取相应的行动。可以采用以下方式去缓和及转换情绪。

1.冷静三思

有人以为，在情绪冲动时等待其退潮一定是一件很难的事，需要巨大的毅力与意志。其实不然，有时候只需要10秒钟的冷静，就可以避免许多的麻烦甚至不幸。不管处于什么样的负面情绪中，先暂停、中断目前的情绪，跳出来，让自己先冷静一下。当你气愤时，先从1数到10再说话，然后再审慎三思，理智面对当前的状况。

2.转移注意力

注意力转移法就是把注意力从引起不良情绪反应的刺激情境中转移到其他事物上去，或去从事其他活动的自我调节方法。如：散会儿步、看部电影、读本书、打场球、下盘棋、找朋友聊聊天、换个环境等。这些活动都有助于我们的情绪平静下来，寻找到新的快乐。

3.适度宣泄

过分压抑只会使情绪困扰加重，适度宣泄则可以把不良情绪释放出来，从而使紧张情绪得以缓解。发泄的方法有大哭、运动、放声大叫或唱歌、向他人倾诉等。如有需要，也可以到专业的心理宣泄室，在咨询师的协助下进行宣泄。

4.自我安慰

自我安慰即阿Q精神。当我们无法改变现实时，要学会安慰自己，追求精神胜利。这种方法，对于帮助人们在大的挫折面前接受现实、保护自己，带来情绪上的稳定，避免精神崩溃是很有益处的。

5.改变认知

情绪的发生是无法避免的，有时我们无法完全了解我们的情绪从何而来，或是我们内在的需求不一定都有方法得到满足。这时候我们必须学会转换认知，反向思考问题。这里给大家讲述一个"卖伞和卖鞋"的故事。

从前，有一位老奶奶，她有两个儿子，大儿子卖雨伞，小儿子卖鞋子。天一下雨，老奶奶就发愁地说："哎！我小儿子鞋子雨天卖不出去呀！"天晴了，太阳出来了，可老奶奶还是发愁："哎！看这大晴天，哪还有人来买我大儿子的伞呀！"就这样，老奶奶一天到晚愁眉不展，吃不下饭，睡不着觉。邻居见她一天天衰老下去，便对她说："老奶奶，你好福气呀！一到雨天，你大儿子的雨伞就卖得特别好，一到晴天你小儿子的店里顾客盈门，真让人羡慕呀！"老奶奶一想，对呀！我原来怎么就没想到呢！从此以后老奶奶不再愁了，她吃得香、睡得香，整天乐呵呵的，大家都说她好像变了一个人似的。

个体对事物的看法没有绝对的对错之分，但有积极和消极之分。消极思维者，对事物只采用消极的解释，并总能为自己找到消极的借口，最终得到消极的结果。而积极思维者，从事物存在中总能找到其存在的积极意义，从而做出积极的反应。因此，在日常生活中，我们应培养多角度看待问题的习惯，尽量从积极的角度去思考原因和结果，形成一种积极的思维惯性。

改变心情是治标，调整心态才是治本。治标和治本要同时进行，但要提醒自己：只有采用治本的方法才能将情绪问题根本解决，只要我们的观念、心态一改变，我们的情绪自然也就会相应改变。

心理小贴士

心理"STOP"技术

假如你遇到下述情况，头脑中会有什么想法，或者产生什么情绪呢？

学生抱怨上课的内容听不懂，作业太多；领导认为你教学水平不够，对你的工作成果不满意；同事对你的某些行为不认同，认为你太冷漠……请不要着急回答，闭上眼睛，深呼吸。

想象自己真实存在于这些情况中，或者回忆自己过去类似的经历。

或许你会理性思考，相信自己会努力做得更好。但或许更多的时候你会止不住地难受、焦虑、愤怒。这时候该怎么办呢？

面对失控的情绪有多种选择，发飙骂人是一种选择，沉默压抑是一种选择，其实学会对自己说"stop"也是一种选择！当你意识到自己掉进了思维的旋涡，可以用"STOP"技术帮助自己"跳"出来。

具体怎么操作呢？

S（Stop）表示停止。首先是要有意识地停下来，不要根据本能、冲动，惯性地采取行动。

T（Take a breath）表示呼吸。然后回到你的呼吸，可以用数呼吸的方法，让注意力放在呼吸上，逐渐从情绪中抽出来。也许在这个过程中你会再次被情绪带偏，不要紧，让注意力再放在呼吸上即可。

O（Observe）表示觉察。紧接着觉察自己的状态，包括自己的思想（我刚刚头脑中有什么想法）和感觉（与此同时我产生了什么情绪），让你可以重新与自己的体验建立连接。

P（Proceed）表示继续。最后选择与价值目标有关的行动。

我们可以每天花几分钟时间让自己暂时"stop"下来。通过练习，简单地提醒自己回到当下，也许你能更好地觉察自己的状态，更好地面对各种消极情绪。

身处"高压锅"，我该怎么办？

张老师在民办学校工作了20多年，之前的工作比较轻松，只需要有课时来学校上课，没课的时候可以不到校。可是，最近学校换了领导，工作制度也进行了相应的调整：所有老师每天必须准时打卡上下班，没课的时候也需要在办公室处理相关教学工作；为了提升老师们的教学能力，学校开展了很多培训和讲座，每位老师都要参加；上课的时候领导会来听课，了解各位老师的教学情况。为此，张老师的工作任务就多了起来，尤其是今年她还负责一些行政方面的工作，晚上经常要加班，周末还总是开会。面对繁重的工作事务，张老师一时接受不了这样的改变，精力也有些跟不

上。她开始对工作产生了强烈的厌倦，看领导、同事也不顺眼，给学生上课也没有精神。她觉得自己有些难以适应这份工作了，想辞职又担心自己年纪大了出去很难找到工作。她每天唉声叹气、寝食不安，经常想着想着就流泪，甚至出现了一些眩晕、偏头痛的身体症状。张老师想知道，她该怎么办？

心理解读

在上述案例中，由于学校领导的更换和工作制度的调整，张老师承担了更多的工作任务和压力，对工作逐渐变得不适应。面对这种情况，她开始对工作产生倦怠。负面情绪和过度的压力在不断地束缚和困扰着张老师，严重影响了她的身心健康。

那么，教师的压力来源有哪些呢？

工作压力。目前，工作压力是教师的主要压力来源。首先，教学任务逐渐繁重，尤其对于带毕业班的教师来说，课程量会增多，同时要认真备课、出试卷、晚自习辅导等，还需要做一些德育工作、体卫工作、教育科研等。其次，现代社会对教师职业提出了更高的要求，教师在完成学校的工作之后，还需要花时间提升自己。如此一来，教师需要具备承担更多压力的心理素质。

晋升压力。职称评定与教学、科研、管理等工作息息相关，教师除了完成基本教学任务之外，还需要不断提升自己的职称等级。同时，职称的评定往往竞争激烈，因此，教师还需要承担职称评定所带来的竞争压力。

人际关系压力。教师在工作过程中，除了要与学生保持良好的师生关系，还需要和其他老师一起交流、学习和竞争。此外，教师与家长之间的关系也要保持良好。众多的人际关系，给教师带来了不小的压力。

角色压力。教师除了作为教育的领导者、组织者之外，还有作为父母、子女、朋友等社会角色。教师角色要求教师为人师表、严于律己，一言一行都可能会影响其工作形象。但教师也是普通人，不可能一直保持教师的角色状态，多重身份需要平衡，这容易给教师带来压力与心理困扰。

应对之道

面对压力，教师可以采取哪些方法来提升抗压能力？

构建支持系统——我的资源圈。首先，取一张白纸，在正中央画一个点代表自己。其次，以这个点为圆心，画三个半径不等的同心圆，代表三种资源圈，同心圆内任意一点到中心的距离表示你利用资源的优先程度。将你可以利用的资源名称写到圆内，越靠近中心点，表明你在遇到挫折和压力的时候越愿意使用该资源。

"一级抗逆力资源"是你最大的心灵慰藉，也是你生命中最重要的成长力量，

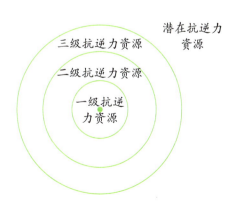

图1-2 抗逆力资源圈

如父母、最亲密的朋友、最喜欢做的事情、最喜爱的物品等，也可以是自己的某种品质。

"二级抗逆力资源"是在你遇到困境时，虽然不是你的首选，但对你来说依然重要的资源，比如有相同经历的朋友、某位尊敬的长辈以及你的一些兴趣爱好等。

"三级抗逆力资源"是平时不怎么想得起来，可一旦你需要帮助也愿意尽力为你提供帮助的资源，比如以前的同学、曾经学习过的技能等。

同心圆外的空白处代表你的"潜在抗逆力资源"，它可能是你看过的一本书、一句话，认识或听说过的某个人。尽量搜索你的记忆，把那些比较疏远但是仍然可以利用的资源写下来。在这个资源圈内外所有的资源，都是当你遇到压力和挫折时可以用上的，它们会让你感觉不再孤立无援，迅速恢复信心和勇气，帮助你渡过难关。

加强锻炼。锻炼是对抗压力非常有效的方法之一，它可以降低身体的压力荷尔蒙，例如皮质醇。锻炼还有助于体内释放内啡肽，内啡肽是改善情绪并充当天然止痛药的化学物质。除此之外，锻炼还可以提高睡眠质量，使我们有充沛的精力来对抗外界压力环境。在日常生活中，我们可以通过跑步、练健身操、练瑜伽等健康的运动方式，合理地把心中压抑的负面情绪宣泄出来，毕竟堵不如疏。

选择合适的归因方式。有心理学家认为，人们对行为成败原因的分析可归纳为以下六个因素、三个维度。

表1-1　韦纳成败归因六因素与三维度表格

六因素	三维度					
	稳定性		内/外在性		可控性	
	稳定	不稳定	内在	外在	可控	不可控
能力高低	★		★			★
努力程度		★	★		★	
任务难度	★			★		★
运气好坏		★		★		★
身心状况		★	★			
外界环境		★		★		★

研究表明：如果一个人将成功归因于能力和努力等内部因素时，会感到自信、骄傲，而将成功归因于运气等外部因素时，产生的喜悦和满足感会更少，且对之后的行为没有太大的影响。如果一个人将失败归因于缺乏能力或努力，则会产生羞愧和内疚，而将失败归因于任务太难或运气不好时，产生的羞愧则较少。而归因于努力相较归因于能力，无论是成功或失败均会产生更强烈的情绪体验。努力而成功体会到愉快；不努力而失败体验到羞愧。其实，努力而失败也应受到鼓励。

所以，当我们面对压力与挫折时，可以选择合适的归因方法，从而帮助我们更好地建立信心，鼓起勇气面对后续的困难。

远离压力源。当压力已经给我们的心理、生活带来了巨大损害，而且通过各种方法都难以调整时，我们可以选择远离压力源，如换工作、搬家、解除关系等。这并不意味着放弃和逃避，而是帮助我们维持心理健康和正常生活的有效办法。

心理小贴士

音乐放松和曼陀罗绘画

音乐放松。不同的音乐能激发人不同的情绪，一般来说，舒缓柔美的钢琴曲能让人心情愉悦，恢宏大气的交响乐能让人振奋激动。当我们感觉到压力太大时，可以用自己喜欢的音乐进行简单的减压放松。

具体步骤：

1.找到一个能够使人放松的轻音乐歌单并播放音乐；

2.坐着或者躺下来，全身心地感受音乐的律动；

3.调整自己的呼吸，从头到脚、从内到外地感受身体的各个部分，让自己的身心得到完全的放松。

推荐一些能够使人放松的轻音乐：《夜晚的海》《缓步入秋林》《林间舞》《雨的印记》《朝（早晨）》《秋日的私语》《克莱因蓝的月亮》等。

曼陀罗绘画。曼陀罗绘画在心理调适中是一种简单而有效的方式。这种模式在满足绘画者安全感的前提下，自然而然地在绘制中通过表达性的方式让个体内心中的对立面整合，并重新建立秩序和平衡。它主要分为"非结构式曼陀罗"和"结构式曼陀罗"两种形式。"非结构式曼陀罗"要求绘画者在规定尺寸的圆内作画，绘画者可以根据自己的爱好或脑海中出现的意象，画任意的图案。"结构式曼陀罗"有给定的曼陀罗图形模板，绘画的过程只要求绘画者对模板进行涂色。

具体步骤如下：

1.入静。慢慢调整自己的心境，可以专注呼吸或用听轻音乐等方式让自己沉静下来，准备绘制曼陀罗。

2.绘画。在曼陀罗的大圆内绘画，在大圆的保护下，可以将心里的人和情绪、意象、故事表达出来。如果是曼陀罗绘画模板，可以先观察模板并体会它的意思，根据自己的理解再进行绘画。

3.想象和体验。完成曼陀罗绘画后，可以尝试从不同的角度来欣赏自己的作品，体会它所带来的心情及联想。然后，在作品旁边或者专门的本子上，用心记下对它的体验、联想和感悟。最后，根据图形或领悟，给自己的作品起一个恰当的名字。

08

经常失眠怎么办？

刘老师是一名工龄20余年的老教师。自小她的睡眠质量就不太好，容易失眠、多梦，年轻的时候精力充足，对此她也就没有特别在意。两年前，她和领导发生一次争执后开始出现入睡困难、多梦易醒、醒后难以入睡的情况，当时没有给予重视及处理。最近，她和家人又发生了矛盾，生气后感觉失眠症状加重，一整晚都睡不着，要靠安眠药才能入睡。夜间睡眠不足3个小时，醒后非常疲惫，伴有头晕，时有耳鸣、口苦、两肋疼痛的情况产生。刘老师每天都在对睡眠问题穷思竭虑，担惊受怕，对晚上是否又会入睡困难、早醒等问题产生焦虑情绪。她本人的性格也比较急躁、易怒、敏感，十几年前被诊断为焦虑症，通过服药缓解了很多，现已停药多年。目前在焦虑和失眠的双重影响下，刘老师感觉生活非常痛苦。

心理解读

在上述案例中，刘老师自小就睡眠状态不佳，在多次与同事、家人发生争执后产生失眠问题。因为失眠，刘老师出现精神状态不佳、脾气暴躁、焦虑等情况，对自己的健康和生活产生了严重的不良影响。

那么，什么是失眠？

由于压力、负面的生活事件和其他外界因素的影响，大多数人偶尔会失眠。但是，当这些问题开始定期发生并干扰我们的日常生活时，就有可能导致出现睡眠障碍。失眠是睡眠障碍的临床常见类型之首。失眠是指入睡困难，即就寝30分钟之后还难以入睡；睡眠质量差，表现为易醒多梦，每晚醒3～4次以上，醒后不能再入睡；睡眠时间减少，表现为时常觉醒，晨醒过早且醒后再睡困难；等等。失眠通常分为以下3种类型：

1.慢性的，失眠至少持续1个月；

2.间歇性，失眠周期性发生；

3.短暂的，失眠一次，或只持续几个晚上。

导致失眠的因素有很多，在排除身体因素后，绝大多数失眠属于心因性失眠，也称慢性失眠、焦虑性失眠、强迫性失眠、神经性失眠，是由对睡眠本身的强迫性思维，即对睡眠的过分关注、渴望与对失眠的焦虑、恐惧引起的。它与急性的、偶发的失眠，即由失眠以外的事情，如考试压力、工作学习压力、失恋等所引起的，区别就在于"是否害怕睡不着"。

如同案例中的刘老师，很多失眠患者在最开始是因生活中的偶然事件产生了负面情绪，诱发了一次失眠，进而数次失眠，最终发展成为对睡眠本身的关注、焦虑与恐惧，也就是说从"急性失眠"发展为了"慢性失眠"。因此，即使生活中的矛盾已经解决，但是失眠仍然无法痊愈，因为睡眠本身对他们来说已经成为一个每天都需要面对的"挑战"与"焦虑点"。

应对之道

那么，缓解失眠的方法有哪些呢？

很多人在失眠之后，认为是失眠导致了自己的生活不顺利，特别是情绪上的反应。事实上，失眠并不是造成这些负面情绪与念头的原因，恰恰相反，负面情绪与念头的出现才是造成失眠的原因。失眠不仅仅是"睡不着觉"那么简单，背后隐藏的是神经症性格导致的强迫性思维与负面情绪。有时候我们越是费尽心思采取各种方法，入睡越是困难，因为这一切努力都加剧了对睡眠的关注、对失眠的恐惧。

我们可以将失眠按照轻度和重度去缓解。

对于轻度失眠，我们可以通过运动、正念冥想、听歌、画画来缓解，还可以尝试"4-7-8睡眠呼吸法"。该方法具体分为三步：

首先，将舌头抵住上颚，也就是上排门牙后的牙床组织上，嘴巴吐出所有的气；

其次，再慢慢用鼻子吸气，并在心里默数4秒后停止吸气，屏住呼吸7秒；

最后，把嘴唇微微咧开并通过你的舌头吐气，同时心中默数8秒，才把气吐完。

完成这些步骤为一个循环，最少要做4次循环。要注意，吸气的时候要用鼻子而且不要发出声音；呼气时用口，要有"呼"声，而且一定要将舌头抵住上颚。它是一种睡前呼吸训练，在操作过程一定要注意缓慢、深长和轻柔，不要过分逼迫自己，不用在意数字，这样才能够帮助我们达到专注且放松的状态，进而快速入睡。此外，这种方法主要是通过放松身心来促进睡眠，如果是因为心理压力引起的失眠，该方法具有一定的效果，但如果是躯体疾病一类引起的失眠，还需要采用其他方法。

对于重度失眠，仅仅靠简单的放松、运动很难缓解，大多数人会选择服用安眠药物。但是毕竟不能长期依赖药物，因为药物在长期服用之后大都会产生耐药性、依赖性。因此，治愈失眠，在坚持就医之外可以辅助心理上的调节。

我们可以通过澄清认知来调节心理。

你为睡眠做越多的努力，就会离睡眠越远。睡眠是一件无意识、不需要刻意去努力的事情，它不是你需要完成的一项任务。失眠患者进入失眠的恶性循环之前，从来没有关注过自己的睡眠，偶尔失眠一两次也从未放在心上，但一旦开始把睡眠当成一项重要的事情，就会发现睡眠不再是轻松、自然而然发生的事。你越是做这些努力，睡眠就会离你越遥远，因为你的潜意识中就会积攒更多对睡眠的恐惧与焦虑。当你躺在床上反复检查自己睡着与否时，分泌的肾上腺激素就会刺激你的交感神经，让你保持清醒。

身体真正需要的是休息，而不是睡眠。有的人每天维持2~3个小时的睡眠时间，仍可以保持充沛的精力。因为当你学会通过其他的方式放松时，例如全身心放松地静坐、冥想，那你得到的休息效果或许会比睡眠还好。当你摄入足够的营养，心情平静愉悦，自然就处在非常好的修复状态，并不一定要依赖长时间的睡眠。当失眠患者夜不能寐的时候，闭眼静歇就是一种十分好的休息方式，不要执着于追求入睡。科学研究也显示，当我们减少对感官的刺激时，也可以达到部分替代睡眠的效果。

失眠最多只是清醒，不会造成你臆想中的伤害，而真正对你造成伤害的是焦虑情绪。当你焦虑时，身体会分泌大量的肾上腺激素和皮质醇，压抑你的免疫系统，造成激素分泌失调，从而患上各种疾病。

失眠的人需要解决的是隐藏在"睡不着""睡不好"背后的负面思维和情绪，很多失眠的人失眠的根本原因就是产生了对睡眠的强迫思维与负面情绪。因此，用解决神经症的方法去解决失眠才是治愈失眠的根本之道。同时，在症状十分严重、有轻生倾向、严重影响学习和工作时，可以服用一定的药物作为辅助治疗手段，循序渐进地走出失眠。

很多失眠的人会因为失眠而中断自己的正常生活，严重的甚至辞职、休学等，这是严重的逻辑倒置。越是在意睡眠，专心应付失眠，你就越难痊愈。因此，失眠的人最为忌讳的就是休养、调整，而应该立刻投入正常生活当中。对于自己的焦虑与恐惧，首先要做的就是接受，承认自己现在就是很惧怕失眠，对睡眠状况感到很焦虑。在此基础之上，学习并练习对于负面情绪、躯体症状的觉察与接纳，并投身于日常生活之中，这样失眠才会得到彻底的治愈。

心理小贴士

如何提高睡眠质量

养成午睡的习惯，但最好不超过45分钟。午睡能有效地缓解我们在上午工作之后的疲惫，降低因压力太大而产生的紧张情绪。同时，适度的午睡也能让自己更好地投入接下来的工作，提高工作效率。

尽量在晚上11点前入睡。晚上睡觉前尽量不要去做一些让大脑兴奋的事情，比如唱歌、喝酒、看电影等。让身体各方面都放松下来，有时候可以在睡前泡个澡或者泡个脚，能有效放松身体，让自己更容易入睡。

睡前听听音乐或者看看书。看一些内容简单的书籍，听一听舒缓的音乐，能让自己的内心得到放松，也更容易入睡。

营造良好的睡眠环境。睡眠环境的安静是保证睡眠质量的重要条件之一。尽量使卧室具有隔音功能，养成关灯睡觉的习惯；尽量避免将手机带上床，因为这样很容易让我们不能按时入睡，推迟入睡时间。

　　睡前吃点有助于睡眠的食物。有些食物能有效地促进睡眠，比如牛奶。睡前可以喝一杯牛奶，不仅能抑制大脑的兴奋，增加催眠效果，还能使人体产生疲倦的感觉。

经常开心不起来怎么办？

案例导入

王某，今年36岁，是一名中学老师。半年前，她因未评上高级职称而感到悲伤、难过，开始对自己的能力产生怀疑。渐渐地，她觉得自己做什么事情都不行，极度不自信，对未来生活中的一切都感到非常焦虑和悲观。她不喜欢与人沟通，做事也没有热情，就连往日喜欢做的事情也没有兴趣，只有物质刺激可以让她得到短暂的愉悦。现在，她时常无法集中精力做事，记忆力严重减退，很难进行复杂的思考。有时，她还会莫名其妙地发脾气。她自述自己的内心看不到阳光，找不到出路，曾产生消极厌世和自杀的想法，最终被医生诊断为患有抑郁症。

心理解读

在日常生活中，我们有时候会听到同事或学生说："我感觉自己要抑郁了。"那么，什么是抑郁？是不是所有的不开心、不高兴都是因为患了抑郁症呢？

首先，我们要分清楚抑郁的几个层级。

第一层是抑郁情绪。当我们工作不顺利、感情遭遇挫折、与朋友产生矛盾、自己或是亲人遭遇疾病等情况出现时，抑郁情绪往往会随之产生。正常

每天学点心理学：教师心理健康知识手册

的抑郁情绪是基于一定的客观事物，且事出有因，具有一定的时限性，通常是短期的。个体经过自我调适，充分发挥自我心理防卫功能，能使心理恢复到稳定状态。抑郁情绪对正常的工作和生活不造成明显的负面影响。

第二层是抑郁状态。抑郁状态以长时间的抑郁情绪为特征，并伴有一些躯体不适，如头痛、失眠、食欲减退等。抑郁状态是介于抑郁情绪与抑郁症之间的一种状态，未达到抑郁障碍的诊断标准。

第三层是抑郁症。抑郁症和抑郁状态的区别主要在于持续的时间和程度，短期的抑郁状态不需要太过担心，但如果抑郁状态长期持续并不断加深，就有可能会达到抑郁症的程度。抑郁症是抑郁障碍中最常见的亚型，以显著而持久的心境低落为主要临床特征（具体诊断标准见本书第五篇第43问）。一般持续性心境低落达到两周以上就满足了抑郁症的病程标准，严重的抑郁症会造成个体社会功能受损，给本人带来痛苦或不良后果。

在上述案例中，王老师就是从有抑郁情绪逐渐转变成患有抑郁症的。抑郁症对她的工作和生活都产生了不良影响。每个人都会产生抑郁情绪，最重要的是要及时调整抑郁情绪，不要让其转变为抑郁症。如果感觉自身的抑郁状态比较久，我们可以选择用以下介绍的方法进行自我调节，但是当自我调节没有效果时，我们就要及时就医，请专业的医生帮助我们。

应对之道

那么，克服抑郁的方法有哪些呢？

书写情绪日记。处在抑郁状态的人常常不知道自己有什么感觉，或者是否还有感觉。这种"无感觉状态"对于他们来说，是没有任何原因的。对于这种情况，可以尝试写"情绪日记"，把每天发生的事情记在日记中：谁干了什么？事情是在什么情况下发生的？我这一天有过什么思考、想法和回忆？对抑郁症患者来说，记录这些事情一开始是很困难的，但只要坚持下去，随着时间的推移就有可能发现事件与抑郁之间的关联，并能够有意识地去感觉事件的发生。

如何书写情绪日记？可以分为以下几个步骤：

第一步：写出所发生的具体事件或情境，这一步需要尽可能客观。

第二步：写出你的感觉，表明自己的情绪。如，我觉得很气愤，或者我觉得很难过……

第三步：深入思考导致情绪产生的具体原因，这是情绪日记最难的部分，也是最重要的部分。这包括思考背后的思想、信念或假设，以及这些想法是否客观真实。可以问自己：让我产生这种情绪背后的思想是什么？觉察自己的思维。这种思想是事实还是自己的想法？如果是事实，是客观、真实的吗？

第四步：分析完自己的思想后，问自己：我的需要是什么？我这个需求是否可以在不改变对方的情况下得到满足？

第五步：我的建设性想法是？我的建设性行动是？

最好每天在同一时间写情绪日记，不要限制自己的思想和感觉，想到什么就写什么。情绪日记主要有三个关键：直观的情绪与感受；可能影响情绪发生的原因；根据感受进行的思考或采取的行动。可以每周翻阅一遍自己写的东西，设法总结出自己的感觉模式。在写日记的过程中，其实是一种自我对话，它能像和朋友聊天一样，澄清许多问题。

保持乐观思维。 处在抑郁状态下的人很容易对自己不满意，他们往往对自己的期望很高，甚至过高。有心理学家根据这一论点描绘了三种对自我感觉会产生持久危害的典型的抑郁思维模式：（1）对自己的消极思维；（2）错误地评价事情和人物；（3）对未来的消极期待。

针对这种消极思维模式，心理学家制定了一种习得乐观思维的训练方法：乐观人生ABCDE。前三个字母分别代表：（1）诱发性事件（A）；（2）对事件的评价、看法和解释（B）；（3）行为的结果（C）。研究表明，当人们碰到不好的事件（A）时，人们最自然的反应就是不断地想它，这些思绪很快凝聚成想法（B），而这些想法会引导人们产生行为，引起后果（C）。在悲观者的思维中，坏事是客观的，无法改变的，而乐观者将坏事看成"暂时的、特殊的"。对抑郁症患者来说，如何中断这个"负面ABC"的恶性循环就需要"反驳（D）"和"激发（E）。"反驳（D），是指反驳头脑中的消极信念或想法；激发（E），即通过理性思维产生新的积极想法和行为。举个例子：

A：我向老师打招呼，她不理我。

B：她肯定是对我有意见了！我是个不被老师喜欢的学生。

C：我感到非常难堪和郁闷。以后，我还是不和她打招呼了，上课也不要举手发言。

当加入D和E时：

D：有可能是其他情况。或许是她没听见，教室里闹哄哄的，听不见也是常见的。还有可能是我的声音太小了，经常有人说我说话声音比较小。肯定是后面这几种情况。因为老师对我还是一如既往，没有歧视我。

E：我还是有些郁闷。但是，我不像以前那样觉得难堪和羞耻。所以我可以放松一下心情，重新振作起来。

我们对一个事件、一个人物的评价，或我们自己如何思考，主动权在自己的手中。如果只倾向于悲观的评价，会给自己带来伤害，所以我们在产生一些消极想法时，可以多进行一些反问，从不同的角度反驳、反驳、再反驳，直到能够激发自己产生积极的行动为止。在这样一些自我反问中，你可能很快就会发现，很多事情只是自己幻想的结果，而没有真正的依据。

设定生活目标。处在抑郁状态的人，通常会减少活动，兴趣减退，对生活失去目标，找不到生命的意义。而对未来的积极想象可以帮助抑郁症患者找到生活目标。生活目标一方面会给我们提供方向感，另一方面，在为目标而奋斗的过程中，这种充实和富有意义的感觉也会改善我们的心情，显著降低抑郁情绪产生的概率。设定的生活目标不需要很大，只要是切合实际，并且稍加行动就能够做到的都可以。另外，这个目标最好是具体而明确的，不要太模糊，越详细越好。

举个例子：如果我们设定的目标是"我要多和人交往"，当我们处在抑郁状态的情况下，就比较难以实现。怎样是与人多交往呢？并不好界定，具体做起来也会让人不知所措。相反，如果我们把目标定为"每周至少和朋友聚一次会"，这个就清晰很多，做起来更有方向感一点。

心理小贴士

抑郁自评量表
（Self-Rating Depression Scale，SDS）

指导语：下面有20条文字，请仔细阅读每一条，把意思弄明白，然后根据您最近一周的实际情况在适当的方格里面打一个"√"。每一条文字后有4个方格，1表示没有或很少时间，2表示少部分时间，3表示相当多时间，4表示绝大部分或全部时间。

条目	没有或很少时间	少部分时间	相当多时间	绝大部分或全部时间
1.我觉得闷闷不乐，情绪低沉。	1	2	3	4
★2.我觉得一天中早晨最好。	4	3	2	1
3.我一阵阵哭出来或觉得想哭。	1	2	3	4
4.我晚上睡眠不好。	1	2	3	4
★5.我吃得跟平常一样多。	4	3	2	1
★6.我与异性密切接触时和以往一样感到愉快。	4	3	2	1
7.我发觉我的体重在下降。	1	2	3	4
8.我有便秘的苦恼。	1	2	3	4
9.我心跳比平常快。	1	2	3	4
10.我无缘无故地感到疲乏。	1	2	3	4
★11.我的头脑和平常一样清楚。	4	3	2	1
★12.我觉得经常做的事情并没有困难。	4	3	2	1
13.我觉得不安而平静不下来。	1	2	3	4
★14.我对将来抱有希望。	4	3	2	1
15.我比平常容易生气激动。	1	2	3	4
★16.我觉得做出决定是容易的。	4	3	2	1
★17.我觉得自己是个有用的人，有人需要我。	4	3	2	1
★18.我的生活过得很有意思。	4	3	2	1
19.我认为如果我死了别人会过得好些。	1	2	3	4
★20.平常感兴趣的事我仍然感兴趣。	4	3	2	1

1.内容及实施方法

SDS按症状出现频度评定，分4个等级：没有或很少时间，少部分时间，相当多时间，绝大部分或全部时间。若为正向评分题，依次评为粗分1，2，3，4。反向评分题（前文中有★号者），则评为4，3，2，1。

2.结果分析

SDS的主要统计指标是总分，把20个项目中的各项分数相加，即得到总粗分，然后通过公式转换：$Y=in+（1.25X）$，即用粗分乘以1.25后，取其整数部分，就得到标准总分（index score，Y）。但在实际应用中，很多使用者仅使用原始粗分。

临床使用时可以采用抑郁严重指数（0.25~1.0）来反映被测者的抑郁程度。

抑郁严重指数＝粗分（各条目总分）/80（最高总分）

抑郁程度判断方法：无抑郁（抑郁严重指数＜0.5）；轻度抑郁（抑郁严重指数0.5~0.59）；中度抑郁（抑郁严重指数0.6~0.69）；重度抑郁（抑郁严重指数0.7及以上）。按照中国常模结果，SDS总粗分的正常上限为41分，标准总分为53分。

10 经常控制不住地提心吊胆怎么办？

张某，男，25岁，某中学新任教师，无躯体疾病和家族精神疾病史。他性格胆小、内向、敏感，追求完美，大学时学习自觉，成绩排在前列。张老师工作后无法适应教学，班里学生成绩不理想，被教导主任约谈，导致思想压力很大。在与同事的交往过程中了解到同事都是名校毕业生，只有自己是普通本科毕业生，因此产生了焦虑和自卑情绪。在期末考试时，他总是担心自己班级的学生考不好。有一次，他无意间听见同事们谈论他不会带班。从此，他总认为大家在背后嘲笑他，于是拒绝和同事交流。随着教学压力的不断增大，他感觉焦躁不安，也不愿意与家人沟通，易疲劳，躺在床上很难入睡，总是反复想当天发生的事情，担忧以后怎么办，睡着了也很容易惊醒，半夜醒来一身大汗。最后，他去看心理医生，被诊断为患有焦虑症。

心理解读

在上述案例中，张老师不适应学校的工作环境，在面对周围优秀的同事以及较多的教学任务时，他产生了自卑、焦虑的情绪。但张老师没有及时调整自己的情绪状态，过度的焦虑情绪逐渐影响了他的生活和工作，最终导致焦虑症的产生。

基于此，我们需要了解什么是焦虑？

首先，有焦虑情绪并不代表患上了焦虑症。任何人都会产生焦虑情绪，我们可以选择适当的方法进行自我调节。但是，当自我调节没有效果时，我们就需要及时就医，请专业的医生帮助我们。焦虑症需要通过心理咨询和药物来治疗，而我们大多数人只是存在焦虑情绪，还达不到焦虑症的诊断标准。

焦虑情绪的本质，是一种对于潜在失控的恐惧。当面对的情形是未知的、不确定的时候，它会带给我们一种掌控之外的感觉，让我们觉得不安全。而面对这种潜在的失控，或不安全时，我们所感到的焦虑其实是人潜意识中的恐惧，甚至是危及生存的恐惧。中等强度的焦虑其实是有好处的，它会让我们保持适度的兴奋感，积极调动相应的身体机能去完成某项任务，帮助我们更高效地工作和学习。而过度的焦虑会造成我们工作和学习的效率变低，甚至发展到患上焦虑症。焦虑症一旦产生，就会有明显的病症反应，可分为躯体症状和心理症状两个方面。

躯体症状主要表现在以下几个方面。

1.消化系统：口干、吞咽困难有梗塞感、食管内有异物感、过度排气、肠蠕动增多或减少、胃部不适、恶心、腹痛、腹泻等。

2.呼吸系统：胸部有压迫感、吸气困难、气促和有窒息感、过度呼吸等。

3.心血管系统：心悸、心前区不适、心律不齐等。

4.泌尿生殖系统：尿频尿急、勃起障碍、痛经、闭经等。

5.神经系统：震颤、刺痛、耳鸣、眩晕、头痛、肌肉疼痛等。

6.睡眠障碍：失眠、夜惊等。

7.自主神经功能兴奋：多汗、面部发红或苍白等。

8.其他症状：抑郁、强迫思维、人格解体等。

心理症状主要表现在以下几个方面。

1.焦虑：表现为害怕性期待、易激惹、对噪声敏感、坐立不安、注意力下降、担心等。

2.运动性不安：表现为搓手顿足，来回走动，紧张不安，不能静坐，可见眼睑、面肌或手指震颤，或患者自感战栗；有的患者双眉紧锁，面肌和肢体肌肉紧张、疼痛，感到肌肉抽动、疲乏无力；等等。

3.过分警觉：表现为惶恐、易惊吓，对外界刺激易出现惊跳反应；注意力难以集中；有时感到脑子一片空白，难以入睡和易惊醒；等等。

 ## 应对之道

那么，克服焦虑的方法有哪些呢？

平缓呼吸法。人在焦虑的时候，肺部肌肉紧绷，呼吸变得不平稳，我们可以通过控制呼吸来缓解焦虑。步骤如下：

1.用腹部呼吸，缓慢而平稳地吸气，从1数到5；

2.屏住呼吸，从1数到5；

3.缓慢而平稳地呼气，从1数到5。

这个过程要用腹式呼吸法，尽量把空气吸到肺的最底部。一开始你可能会觉得气短、气息不稳，放松下来之后，身体会自然转换为慢而深的腹式呼吸。同时，你最好在心中默念五个数，因为数数会使你的注意力从焦虑的情绪中调离出来，让大脑休息一下。如果你肺活量小，可以数快一点儿；如果头晕了，就歇一会儿。多练习几次你就会发现，每次呼吸能持续的时间更久了，肺活量也更大了。平缓呼吸练习简单又有效，什么时候都可以做。

自我对话法。具体步骤如下。

第一步，回想焦虑情境。

首先找一个安静的地方，用一些方法让自己放松下来，比如平缓呼吸法。然后回想一次最让你印象深刻的焦虑经历，仔细体察当时的感受，问自己一个问题：我当时在担心什么？尽量把你焦虑时的想法写下来，这样方便进一步反思。如果你回忆不起来当时的想法，就在下次遇到同样情境的时候刻意记忆一下。

第二步，反思错误认知。

接下来，请你回答下面的问题，反思自己当时的想法。

1.你的想法真的符合事实吗？有什么证据能够证明？

2.你的推论合乎逻辑吗？

3.你所担心的事情一定会发生吗？

每天学点心理学：教师心理健康知识手册

4.你有没有夸大事情的后果和影响？

5.如果事情真的发生了，你无法承受其后果或者找不到解决办法怎么办？

6.为了避免不好的事情发生，你可以做些什么？

思考完这些问题，你就会认识到自己所焦虑的事情其实并不值得焦虑，而且你有能力应对它，把事情做得更好。

第三步，重新面对困境。

在改正错误认知之后，你就要带着新的认知去重新经历那些曾经让自己焦虑的情境。因为只有经过亲身经历的验证，你才能真正认识到，曾经那件让你焦虑的事并没有多么可怕。当下一次遇到同样的情境时，你就不会那么焦虑了。

当然，在勇敢面对焦虑情境之前，你也要做好准备，想一想自己怎样才能把事情做得更好，在焦虑的时候用什么心理暗示或放松方法。

自我对话法需要多练习几次，当你熟练掌握之后，就有能力在焦虑出现的时候，立刻体察自己的感受和想法并及时进行反思。但需注意，确诊焦虑症后，很难只靠自我调适治愈，必须在心理医生的指导下服用专门的药物。

整个过程大概需要20分钟，建议在活动开展前单独找一个空闲时间，以免中途被干扰。

心理小贴士

焦虑自评量表
（Self-Rating Anxiety Scale，SAS）

指导语：下面有20条文字，请仔细阅读每一条，把意思弄明白，然后根据您最近一周的实际情况，在适当的方格里打一个"√"。每一条文字后有4个方格，1表示没有或很少时间，2表示少部分时间，3表示相当多时间，4表示绝大部分或全部时间。

条目	没有或很少时间	少部分时间	相当多时间	绝大部分或全部时间
1.我觉得比平常容易紧张和着急。	1	2	3	4
2.我无缘无故地感到害怕。	1	2	3	4

条目	没有或很少时间	少部分时间	相当多时间	绝大部分或全部时间
3. 我容易心里烦乱或觉得惊恐。	1	2	3	4
4. 我觉得我可能将要发疯。	1	2	3	4
★5. 我觉得一切都很好，也不会发生什么不幸。	4	3	2	1
6. 我手脚发抖打战。	1	2	3	4
7. 我因为头痛、头颈痛和背痛而苦恼。	1	2	3	4
8. 我感觉容易衰弱和疲乏。	1	2	3	4
★9. 我觉得心平气和，并且容易安静坐着。	4	3	2	1
10. 我觉得心跳得很快。	1	2	3	4
11. 我因为一阵阵头晕而苦恼。	1	2	3	4
12. 我有晕倒发作或觉得要晕倒似的。	1	2	3	4
★13. 我呼气、吸气都感到很容易。	4	3	2	1
14. 我手脚麻木和刺痛。	1	2	3	4
15. 我因为胃痛和消化不良而苦恼。	1	2	3	4
16. 我常常要小便。	1	2	3	4
★17. 我的手常常是干燥温暖的。	4	3	2	1
18. 我脸红发热。	1	2	3	4
★19. 我容易入睡，并且一夜睡得很好。	4	3	2	1
20. 我做噩梦。	1	2	3	4

1. 内容及实施方法

SAS的主要评定依据为项目所定义的症状出现的频度，共分4级：没有或很少时间；少部分时间；相当多时间；绝大部分或全部时间。正向评分题，依次评为1，2，3，4。反向评分题（上文中有★号者），则评分4，3，2，1。

2. 结果分析

SAS的主要统计指标为总分。在自评者评定结束后，将20个项目的各个得分相加，即得总粗分，然后通过公式转换：Y=in+（1.25X），即用粗分乘以1.25后，取其整数部分，就得到标准总分（index score，Y）。

标准分越高，症状越严重。按照中国常模结果，SAS总粗分的正常上限为40分，标准总分为50分。

第二篇
职业
获得感篇

在职业生涯中，我们都渴望获得一种特殊的感觉——职业获得感。这是一种成长的体验。无论是与同事的竞争，与家长的交流，还是与学生的互动，每个教师都面临着各种挑战和机遇，其中重要的一点就是如何提高自己的职业获得感。本篇将探讨上述问题，并提供实用的建议和策略，帮助教师在职业中获得更多的成长和满足感。让我们一起展开这段精彩的职业旅程吧！

11 怎样在与同事的竞争中获得成长？

新学期开始，舒老师被安排担任初一年级一班的班主任。本年级一共两个班，另外一个班的班主任为拥有多年教学经验的武老师，且班级生源较好。舒老师作为一名新老师，干劲十足，想要为自己的班级做出些贡献，提高学生的学习成绩。新学期开始，舒老师和武老师之间并没有太多交集。第一次月考成绩公布后，舒老师班的学生成绩比较好，武老师似乎有些不甘心。自从那次考试以后，两位老师就开始较上了劲，害怕对方超越自己。在谈到学生的学习成绩时，两位老师都很谦虚，都会夸赞对方班级学生的成绩好。其实两位老师都在努力提高自己班级学生的学习成绩，但是双方又都不想说出自己的真实想法。舒老师很苦恼这种同事关系，这种竞争给她带来了很大压力：一方面，自己心里面一直在与武老师作对比，害怕对方比自己优秀；另一方面，她是一个比较要强的人，喜欢什么事情都要做到最好，难免会与同事产生竞争。

心理解读

在上述案例中，舒老师在与同事的工作竞争中存在以下困扰：一方面来自个人，对自己的要求比较高；另一方面来自他人，感受到武老师带来的外部压力。舒老师因在与武老师的竞争中缺乏合理的竞争认知，从而产生了情绪困扰。

从辩证的角度来看，竞争被划分为良性竞争和恶性竞争。

良性竞争，无论是对手还是自己，在竞争中会变得越来越优秀。良性竞争包含两层意思：一是对他人，要敢于竞争，努力超越他人；二是对自己，要永不满足，努力超越昨天的自己。个体的成长不应该是独自钻研的，如果我们以良性竞争的角度看待问题，那么在与同事的竞争中能够得到不一样的收获。在竞争中成长，在发展中竞争，大家才能共同进步。

恶性竞争，指竞争者为了取胜，通常采用诋毁、破坏、贿赂等非正当手段达到目的。个体在竞争过程中由于好胜心或者嫉妒心过强，会表现出强烈的利己排他性，把他人的成绩或努力看成是对自己的威胁和挑战。

缺乏合理的竞争认知会导致同事之间竞争关系的失调。

个人原因。由于教师的年龄、经历、专业、个性都存在差异，个别教师间的交往难以真正相互理解和信任，会从个人情感好恶出发，对不喜欢的同事冷漠相待；或以自我为中心，以个人利益为交往的准绳，很容易与其他同事产生矛盾，使人敬而远之。

社会原因。学校是教师的日常工作场所，直接影响着教师的心理活动。近年来，学校引入竞争机制，导致教师间的竞争活动有所增加。同时，大部分学校的评价机制相对单一，主要以学生的成绩为教师职称评选、职位提升的衡量标准。这些因素都容易导致教师之间出现恶性竞争。

应对之道

那么，教师应该如何正确处理与同事之间的竞争关系？

正确认识竞争。有人的地方就会有竞争，同事间有竞争是正常的。竞争不等于敌对，竞争中也可以有合作和友谊。要找到教师间的共同需求，找到同事间的优势互补。竞争并不都是消极的，良性竞争能激发人的创造精神，使人精力充沛、思维敏捷、反应灵活、想象丰富。同时，竞争还能激发人的潜能。科学研究表明，通常情况下人只能发挥自身潜能的20%～30%，而竞争的紧张情绪能激发人的创造力，充分释放个体潜能。

培养正确的竞争意识，用良好的心态参与竞争。竞争带来的压力很容易让人心态失衡进而采取失当行为，所以要保持良好的心态，采用正确的竞争方法。在竞争中，不要抱着"你死我活"的心理参与竞争。要通过竞争认识到自己的不足，从而改进自己、提高自己。我们在参与竞争的过程中，要以提高自身能力为目的，并且通过自身能力的提高来获取竞争的成功。

发展良性竞争。教师间的人际关系包括班主任与班级任课教师、同一学科教师、同一年级教师等之间的相互关系。我们不应该带着消极心态去看待竞争，而是要学会改善教师间的人际关系，增强与同事间的交往关系，促使恶性竞争向良性竞争发展。教师要注重自我完善与提高，与同事敞开心扉深入探讨、请教经验，促进良性竞争，在相互支持和彼此合作中不断成长。

心理小贴士

竞争与合作之心理学经典实验

经典实验一：囚徒困境实验

囚徒困境作为最经典的社会困境博弈，已被广泛应用于分析个人特征与合作之间的关系的研究中。

囚徒困境实验讲的是，两个犯罪嫌疑人作案后被警察抓住，并被分别关在不同的屋子里接受审讯。警察知道二人有罪，但缺乏足够的证据。警察告诉他们二人：如果二人都抵赖，各判刑一年；如果二人都坦白，各判八年；如果二人中一个坦白而另一个抵赖，坦白的那个人放出去，抵赖的那个人判十年。于是，每个囚徒都面临两种选择：坦白或抵赖。然而，不管同伙选择什么，每个囚徒的最优选择是坦白：如果同伙抵赖、自己坦白的话，自己被放出去；如果同伙抵赖、自己也抵赖的话，自己被判一年，坦白比抵赖好。如果同伙坦白、自己坦白的话，自己被判八年；如果同伙坦白、自己抵赖的话，自己被判十年，坦白还是比抵赖好。

通过上面的实验，我们可以得到以下启发：在囚徒困境中，两个被捕的囚徒之间存在一种特殊博弈，即使合作对双方都有利，保持合作也是困难的。在交易和比赛中，参与者主要考虑以最小的代价获得最大的利益。如果我们遇到有冲突的事情，双方从合作层面出发，从集体利益出发，相互协商，都做出让步，则双方都能获得好处。

经典实验二：卡车运输游戏实验

假设两个实验者都经营一家运输公司，一家公司叫A公司，另一家公司叫B公司，双方都需要让自己公司的一辆卡车尽快赶到某一地点。两辆卡车的起点和终点是不同的，但在途中需要经过一段双方都需要经过的单行道，且单行道两端有两个电门，分别由双方控制，如果不想让别人通过，则可以关闭电门。单行道同一时间只能允许一辆车行驶通过，但两辆车却是相向而行。因此唯一的办法就是双方交替使用车道，一方先在自己的线路上等待一会儿，等对方卡车通过后再驶入。如果其中一个实验者关闭自己所控制的电门，则会使单行道失去通行作用，只能使用备用路线。实验者会提前告诉两位司机，即使交替使用单行道需要等待，也比走备用路线更加经济、省时。我们都知道，两个人的最佳选择是一起合作使用单行道通行。但在实验过程中我们发现，双方为了抢夺单行道而发生争执，会关闭自己所控制的电门迫使对方退出，从而选择备用路线，最终都无法按时到达终点。

在卡车运输游戏实验中，双方都没有意识到合作的重要性。竞争心理在人们生活中是普遍存在的，当需要共享有关资源时，人们更倾向于选择竞争，而不是选择合作。

为弱化不良竞争心理，我们在生活中要树立正确的竞争观念，竞争与合作并不是对立的，它们可以相互促进，让我们实现共赢。

12
怎样获得家长的理解与支持？

晚上九点半，家长一个电话打过来，胡老师想着虽然是下班时间，还是接一下吧，万一有什么急事呢？结果胡老师听到的第一句话就是抱怨："我觉得孩子在学校学习一整天已经很累了，还布置那么多作业。孩子一直都在做作业，我很心疼孩子，并且怀疑这么高强度的学习真的能帮助到孩

子吗？能不能给我家孩子一个不写作业的特权？"胡老师在学校刚刚加完班，又遇到家长的不理解，有些无奈。在她看来，给孩子布置的作业量是在合理范围内的，自己也是真心想帮助孩子巩固学习成果。并且，作为一名教师，学生作业多，老师工作就多，胡老师听着孩子家长不理解的声音很无奈。

心理解读

在上述案例中，胡老师对家长不理解自己的工作感到很无奈。相当一部分教师正如案例中的胡老师一样，工作兢兢业业，甚至把自己的私人时间也用在了工作上，一心为学生的学习着想。但是有的家长会觉得教师只是敷衍式地布置作业，认为这样做"受苦的"是学生，不仅没有提高孩子的学习成

绩，还减少了孩子的玩耍时间。

　　随着教育改革的发展，人们逐渐认识到社会、学校以及家庭是促进学生身心和谐发展的共同因素。学生教育单单靠学校是难以完成的，必须使学校与家庭密切配合，才能更好地促进学生积极健康发展，取得更好的学习成绩。教师争取家长的理解与支持，家长体会教师的用心良苦都是必不可少的，家校合作才能更好地保证孩子的身心健康成长与学业成绩的逐步提升。

应对之道

　　那么，在教学过程中，教师应该如何争取家长的理解与支持呢？

　　理解家长，树立正确认知。教师要明确学生在家庭和学校两个不同的环境中，其行为表现可能会出现差异。作为教师，面对家长的来电指责，可以先肯定家长关心小孩的这一想法，不着急去否定家长的意见，认识到家长是教育中的一股中坚力量，并且耐心向家长询问孩子在家的情况。把家长当成自己的合作伙伴，尝试站在家长的角度去看待孩子的问题。调动家长参与配合学校工作的积极性，共同促进孩子的成长。

　　不直接反驳家长，与家长进行良好沟通。教师要认识到与家长建立充分的信任关系，是双方进行良好沟通的前提。因而，教师在与家长沟通的时候，需要肯定家长的抱怨与建议，接着再表述自己关于能让孩子得到更好发展的想法与建议。教师要不断完善自身专业知识，提高自身专业技能，注重沟通前的准备工作，以便在沟通过程当中积极解决家长提出的各种困惑。面对家长提出的问题，教师要积极解答，给予家长热情的回应，这样家长也会更加愿意与教师站在同一阵线。

　　理解家长和学生的需求。面对不同教育观念时，教师要在尊重、肯定家长的基础上，秉承求同存异原则，循序渐进，切不可生硬指责家长，凌驾于家长之上。总之，教师在与家长的沟通中要以肯定为主旋律，在积极肯定的基础上提出自己合理的教育意见，从而实现双方的需求，促进学生的发展。

心理小贴士

非暴力沟通

"非暴力沟通"的主要内容为：转变谈话和聆听的方式，以实现人与人之间的心灵互通。非暴力沟通有四个核心要素：第一个要素是表达观察，将观察和评论混为一谈，别人会倾向于听到批评，并反驳我们；第二个要素是诉说感受，你越是留意自己内心的声音，就越能听到别人的声音；第三个要素是讲述需要，在人际沟通时，了解自己和他人的需要是健康的交流关系得以建立的重要因素；第四个要素是提出请求，清楚地告诉他人我们的请求是什么，要借助具体的语言去描述，而不是停留在表达需要阶段。下面一则案例将展示暴力沟通是如何转变成非暴力沟通的。

某天，丈夫下班回家后就一直躺在沙发上玩手机，妻子下班后则忙着做饭等其他事情。暴力沟通的场景可能如下。

妻子说："我上了一天的班那么累，下班后还要收拾家，给你做饭，你回来就知道玩手机，这日子没法过了。"

受到妻子的指责，丈夫辩解道："就你上班累，难道我上班就不累吗？上班受领导的气还不够，下班还要听你唠叨，不过就不过。"

接下来，很可能就是一场不可避免的恶战。一旦沟通进入吵架环节，双方已经不是去满足对方的需要，而是去攻击对方，让对方臣服于自己的观点，即使一方吵赢了，也不会得到自己想要的。

如果用非暴力沟通四要素来重现一下这个场景，可能会产生不一样的效果。

丈夫下班回家后就一直躺在沙发上玩手机，妻子开始跟丈夫沟通。

观察："你下班回来后一直在沙发上玩手机，没有陪我说话。"

感受："我觉得很难过、很委屈。"

需要："因为我希望得到你的重视和关心。"

请求："你能放下手机陪我聊聊天吗？"

丈夫不知道自己玩手机会给妻子带来怎样的感受，当听到妻子明确且正面的表达后，他很有可能放下手机，陪妻子聊聊天。妻子的最终目的也是希望得到丈夫的关心，这样一来，不用吵架目的也达到了。

怎样获得学生的尊重与喜爱?

星期三,陈老师上完数学课,一边气呼呼地走进办公室,一边说道:"现在的孩子是越来越难带了。"原来,在陈老师上课时,有个调皮的孩子总爱捣乱,还在课堂上折纸飞机、扔纸飞机,严重扰乱课堂纪律,老师多次提醒都不起作用。现在的孩子知道老师不能体罚学生,他们好像一下子抓住了老师的软肋。有些学生私底下还会给老师起外号,不尊重老师。陈老师面对这些调皮的学生可愁死了……

心理解读

作为一名人民教师,面对学生调皮捣蛋的这种现象是很普遍的。如上述案例中的陈老师,在班级上课时碰到个别学生不尊重自己,言语劝告也不起作用,又不能体罚学生,让他很无奈。从心理学角度出发,学生调皮捣蛋是有原因的。我们可以从学生做出调皮捣蛋行为的原因入手,尝试理解学生,寻找突破点。关于学生违反课堂纪律可以从学生和教师两个方面寻找原因。

1.学生方面

心理方面。随着年龄的增长,学生的独立意识不断增强,自我观念逐步确立，情感重心向关系密切的朋友发生偏移，在师生交往过程中会出现与教师疏远的现象。据调查，80%以上的学生能够主动与教师打招呼，但仍有一部分学生做不到。他们不喜欢也不敢与教师交往，但同时他们又希望得到教师的认可和理解，对教师具有天然的依赖性。在这种闭锁性和开放性的矛盾心理作用下，学生的逆反心理表现得极为明显，他们主动挑战教师的权威，对教师不顺从，片面地理解师生关系，与教师对立，对教师产生抵触情绪。

思想观念方面。学生容易受到复杂的社会因素、家庭因素，以及自身发展因素的影响，这些影响因素有积极的一面，也有消极的一面。部分学生在错误观念的引导下，生活、学习目标可能出现偏差。在这种情况下，当教师对他们进行教育引导时，效果可想而知。

知识水平方面。学生的知识水平也是影响其尊师意识的重要方面。一方面，如果学生知识水平较高，而教师不能满足学生的需要，会影响学生尊敬教师。知识多元化的发展，知识获取途径的多样化，网络教育的发展，使得学生接收信息的渠道进一步拓宽，单一从学校教学渠道获取信息的比例相对降低。随着学生的知识量不断增加，他们的自我需求水平也不断提高。而部分教师由于工作繁忙，获取社会信息量相对不足，知识、技能不能满足学生的需要，使得学生对教师的信任度、满意度降低。在某方面所掌握的知识、信息赶超教师的情况下，学生便看到了教师的不足，进一步增强了他们的反权威意识。当教师以其既往的"权威"训导学生时，自然会引起学生的抵触。另一方面，如果学生知识水平较低，对学习丧失兴趣和信心，那么教师的教育督促会使其不满，从而影响学生尊敬教师。

2.教师方面

教育观念僵化，权威思想严重。部分教师在教育教学中仍然以教师为中心，把学生当作教育教学的附庸，忽视学生的主体地位。部分教师的教学不是为了学生的发展，而是为了完成教学任务。在这种情况下，学生的个性差异被忽视，他们的积极性、主动性和创造性被压抑，师生间缺乏一种民主平等的氛围，这种状况有碍于学生尊师意识的培养。

教学方法陈旧，管理方式不当。部分教师教学方法相对落后，课堂教学主要以讲授为主，教学中仍然是"一言堂""满堂灌"，不能灵活有效地采用多种教学方法，致使课堂教学变得刻板而枯燥。

缺少对学生身心的关爱。在目前评价机制下，部分教师很容易将注意力集中在学生的学习成绩上，而忽略了学生的身心发展。对于学生来说，他们也希望教师关注自己的心理需求。因而，除了学业成绩，教师也要及时关注学生的情绪变化及身心发展状况。

应对之道

教师应当尊重学生的个性差异，对于学生所面临的学习与生活上的困难要多关注，不管是学习上遇到的困难还是生活中遇到的负面事件，不挖苦、不讽刺、不歧视、不体罚学生。教师要想获得学生的尊重与喜爱，具体可以从以下几个方面着手。

真实。这里所说的"真实"指的是教师本人的真诚、坦荡。教师当然是教育者，但不必随时戴着"教育者"的面具。苏霍姆林斯基说过，一个优秀的教师，时刻都不要忘记自己也曾是个孩子。没有人是完美的，但不完美却很真实的教师最容易被学生接受。

平等。高高在上的教师，很难走进学生的心。平等，不是一种姿态，而是由衷地把学生视为与自己人格平等的人。这种平等不仅仅是一种观念，要形成"对话意识"，和学生共享"平等的权威"。

尊重。爱是不能勉强的，对于刚刚接手的学生，暂时爱不起来很正常，但必须尊重。爱是内在的情感，尊重是外在的行为。所谓"尊重"，通俗地说就是尽可能维护孩子的尊严。从学生的角度看，就是让他们感到自己在别人眼里很重要，尤其是被教师重视。

互助。教育不是单方面的教师对学生的引领和培养，同时也是学生对教师的影响和感染。师生互相帮助、共同进步，是师生关系民主的特征。

终身学习。只有提高自身的个人素质和人格魅力，才能形成教师的个人权威，才能赢得学生发自内心的敬佩和爱戴，并对促进师生关系的健康发展起到积极作用。

心理小贴士

罗森塔尔效应

罗森塔尔效应是一种期望效应。该理论认为，教师对学生的期望会在学生的学习成绩等方面产生效应。如教师寄予很大期望的学生，经过一段时间的测试，他的学习成绩会比其他学生有明显的提高，同时能够增强师生的关系。

心理学家曾做过一个实验。他们在奥克学校所做的一次实验中，对1~6年级的学生进行了一次名为"预测未来发展的测验"（实为智力测验）。他们在这些班级中随机抽取约20%的学生，并让教师认识到"这些儿童的能力今后会得到发展"，使教师产生对这一发展可能性的期望。8个月后，他们又进行了第二次测验。结果发现，被期望的学生，特别是一、二年级被期望的学生，比其他学生在智商上有了明显的提高。这一倾向，在智商为中等的学生身上表现得较为显著。而且，从对这些学生所做的行为和性格的鉴定中可知，被期望的学生表现出更有适应能力、更有魅力、求知欲更强、智力更活跃等倾向。

对于学生来说，由于年龄比较小，心理也比较幼稚，所以他们最强烈的需求和最本质的渴望就是得到别人的称赞。罗森塔尔效应在学校教育中所取得的效果也是十分明显的。一般来说，受教师喜爱或关注的学生，在一段时间内学习成绩或其他方面都能够有很大进步。罗森塔尔效应告诉我们，对一个人传递积极的期望，就会使他进步得更快，发展得更好，同时也能增强双方的情感关系。

14
怎样实现工作与家庭的平衡？

案例导入

小胡非常热爱自己的教师职业，也很有责任心。不管是在学校的工作时间还是在家的自由时间，她经常思考如何能够进一步提升学生的成绩，如何关注到每一位学生，因而在工作上花费了许多时间和精力。在小胡看来，做自己热爱的事情很幸福，也不觉得花费很大的精力有何不妥。但是在小胡的丈夫看来，自己的妻子一心扑到工作上，不仅没有把心思放到家庭生活中，有的时候还会冷落自己。小胡对此也有些委屈，觉得丈夫不理解自己对工作的热情与辛勤付出，但是她也带有愧疚的情绪，因为自己的确将许多时间和精力放到了工作当中而忽视了家庭。

心理解读

长期无法平衡工作与家庭，容易导致慢性疲劳、抑郁、焦虑、失眠、身体健康状况变差等问题，因此处理好工作与家庭两者之间的关系很重要。我们应该明白，工作与家庭是每个人都需要面对的两个主要人生舞台。当前，工作不再是传统意义上的谋生手段，家庭也不再是以前"男主外，女主内"的传统模式。一方面，为了提高竞争优势，单位往往要求员工投入更多的时间和精力，员工面临着更多的工作压力；另一方面，大量女性进入职场，双职工家庭的数量日益增多，夫妻双方肩负着更多的工作和家庭责任。工作和家庭无法同时兼顾成为许多职场人士面临的问题，更是职场女性面临的难题。

在上述案例中，小胡就是因为没有平衡好工作与家庭这两个重要主体，而受到丈夫的抱怨，自己也心生愧疚，存在与家人关系失调的问题。教师是一个具有较高文化素养的群体代表，他们除了具有最基本的生理需求外，还有更高级的需求，例如归属与爱的需要，以及对自我实现的需求。有人曾这样说道，教师是太阳底下最光辉的职业。社会对教师的职业角色提出的高要求，时刻提醒和催促着教师前进和成长。有些教师将这种社会的角色期待内化为对自身的角色期待，却忘记了自己其他角色的行为要求和准则。正是这种期待，使教师有时会忽略自己的家庭，导致工作与家庭之间产生冲突。

应对之道

工作与家庭领域出现矛盾的一个重要原因就是角色压力。当工作领域的角色压力导致个体跨领域转移资源，便会影响家庭领域。对于如何实现工作与家庭之间的平衡，教师可以从以下几个方面着手。

设置优先事件。首先需要明确自己的目标，每个人的目标都不同，因此需要根据自己的实际情况来确定。其次是识别最重要的任务，在日常工作和生活中可能有很多任务需要完成，但并不是所有任务都是同等重要的。因此，需要识别最重要的任务，并将其放在优先级的位置。这些任务可能是与工作和家庭生活都有关的，例如工作中的重要项目、家庭中的孩子的需求等。

建立家庭时间表。将家庭活动和任务按照事件的重要性和紧急性列出一个清单，包含每个家庭成员的活动和任务，如孩子的课程和兴趣爱好、家务、家庭活动等。在清单中识别出优先级和时间限制，以确保家庭的核心任务得到优先考虑。还可以安排固定的家庭活动时间，例如每周六举行一次家庭聚餐或者户外活动，这样可以帮助家庭成员规划其他活动，并为家庭成员之间的交流提供机会。在建立家庭时间表时，要考虑到一些弹性，家庭成员的活动和任务可能会有变化，因此时间表也需要相应地进行调整。家庭时间表只有在坚持执行时才能发挥作用，家庭成员应该遵守时间表，并在必要时进行调整。此外，家庭成员之间应该互相理解和支持，以共同实现工作和家庭的平衡。

寻求外部支持。在平衡工作和家庭时，有时需要寻求帮助和支持。这可能包括寻求同事或家庭成员的帮助，或者寻求专业人士的建议和支持。比如，你需要帮助处理一些家务或照顾孩子时，可以求助家人或朋友。他们可能会愿意帮忙，特别是在紧急情况下。

学会说"不"。 当我们在工作和家庭之间难以平衡时，有时需要学会说"不"。这并不是说要拒绝所有请求，只是拒绝那些与目标不符的请求而已，学会拒绝那些会干扰你工作和家庭的事情。如果你经常接受那些不重要的任务和要求，那么你的时间和精力将会被分散。学会说"不"，可以帮助我们集中精力完成最重要的事情，更好地管理自己的时间，从而更好地平衡工作和家庭。

保持健康生活方式。 工作和家庭都需要投入大量的时间和精力，很容易使我们变得疲惫和焦虑。健康的生活方式可以帮助我们恢复精力，从而保持积极的精神状态。保持健康的生活方式，如保持良好的饮食习惯、保证充足的睡眠时间、定期运动等。

心理小贴士

中小学教师工作-家庭冲突问卷
（Work-family Conflict Scale，WFCS）

指导语：本问卷包括22个项目，是为了了解教师家庭和工作之间关系的现状。请仔细阅读每句，然后决定您在多大程度上符合句中的描述，并在句子后的方格里面打一个"√"。您的看法无对错之分，所以不要顾忌。凭直觉选答，不必费时思考，也不要参考他人答案。注意：1="极少发生"，2="偶尔发生"，3="有时发生"，4="经常发生"，5="总是这样"。

题项	极少发生	偶尔发生	有时发生	经常发生	总是这样
1.家里的烦心事使我工作时心情不好。	1	2	3	4	5
2.我对待家人子女、父母或爱人的方式会不知不觉用来对待学生，结果却不好。	1	2	3	4	5
3.工作上的事使我情绪不佳，容易把不良情绪带到家里去。	1	2	3	4	5

（续表）

题项	极少发生	偶尔发生	有时发生	经常发生	总是这样
4. 工作时间长减少了我与家人孩子、父母或爱人团聚、共处的时间。	1	2	3	4	5
5. 我会无意间用对待学生的方式用来对待家人，家人却不接受。	1	2	3	4	5
6. 学校里遇到烦心事回到家里情绪不佳，容易对家人发脾气，使得家人也不开心。	1	2	3	4	5
7. 学校或学生的事情多，使我没时间尽家庭义务、分担家庭责任。	1	2	3	4	5
8. 那些在工作中有效和必须的行为方式用在家庭中达不到预期效果。	1	2	3	4	5
9. 用来协调家庭关系的行为方式，我不自觉地用来处理工作关系，却达不到预期效果。	1	2	3	4	5
10. 家里的事使我烦躁，这影响了教学效果。	1	2	3	4	5
11. 下班回家后我感到身心疲惫，无力再为家庭付出了。	1	2	3	4	5
12. 工作中的事情使我心情不好影响了家庭气氛。	1	2	3	4	5
13. 对家人的关心照顾不够感到歉疚，这影响了我的工作情绪。	1	2	3	4	5
14. 我会无意间将教学中行之有效的行为方式用在家庭生活中，结果却适得其反。	1	2	3	4	5
15. 开展家庭活动所用的行为方式，我会不自觉地用于教学中，效果却不佳。	1	2	3	4	5
16. 工作一天下来我已筋疲力尽，尽家庭义务、分担家庭责任对我来说是有心无力。	1	2	3	4	5
17. 与家人闹矛盾使我工作时情绪不好。	1	2	3	4	5
18. 家里的事情需要花时间做，使我没时间参加有助于事业发展的活动。	1	2	3	4	5
19. 家庭事务繁多，使我工作状态不佳。	1	2	3	4	5
20. 我为家里的事费神，难以集中精力、专注于工作。	1	2	3	4	5
21. 我对待学生的某些习惯方式，无意中用来对待家人，却不利于我成为好家长、好伴侣。	1	2	3	4	5

每天学点心理学：教师心理健康知识手册

题项	极少发生	偶尔发生	有时发生	经常发生	总是这样
22.家庭事务繁杂，使我没有足够的时间来考虑教学上的事。	1	2	3	4	5

1.内容及实施方法

该问卷包含工作干扰家庭和家庭干扰工作两个分问卷，分别测量工作对家庭冲突的程度和家庭对工作冲突的程度。两个分问卷分别包含11个条目，涉及心理资源冲突、行为方式冲突、情绪情感冲突三个维度。

2.结果分析

该量表采用5级计分方法，全部正向计分。

工作干扰家庭分量表（work interfere with family，WIF）：包括3，4，5，6，7，8，11，12，14，16，21，共11个题目，得分越高，表示冲突越严重。

家庭干扰工作分量表（family interfere with work，FIW）：包括1，2，9，10，13，15，17，18，19，20，22，共11个题目，得分越高，表示冲突越严重。

所有22个条目得分之和即为该量表的总分，反映了被测者工作-家庭冲突的总体状况。

15
怎样在职业中获得更高的教学效能感？

案例导入

李老师班上有35名学生，有的学生表现优秀，学习认真、积极；有的学生表现一般，但是能听进老师的劝导，遵守纪律；有的学生表现较差，经常调皮捣蛋……面对如此参差不齐的学生，如何教育好他们，对李老师来说是一个大难题。尽管李老师第一次和学生们见面时就推心置腹地说："在我的眼里，大家都是平等的，过去的已经过去，重要的是抓住现在，同学们还有时间和机会……"李老师准备借此鼓舞他们的勇气，树立他们的信心，但这些话并不怎么奏效。一些学生因为基础差，对学习不感兴趣，上课迟到早退和做小动作已成为家常便饭。对这些学生的教育，李老师经常感到无计可施，仿佛到了山穷水尽的地步。李老师心想，除了找他们苦口婆心地谈话，还能有什么办法呢？一而再、再而三地谈话，连自己都觉得丧失了效果，对学生还能起什么作用呢？时间一长，李老师便时常怀疑自己的教育能力，以往的自信荡然无存。

心理解读

学生的不良行为表现，很容易使教师对自己的教学成效产生怀疑。如同

每天学点心理学：教师心理健康知识手册

上述案例一样，李老师愿意花时间和精力耐心地教导学生们，但一些学生似乎并不领情。李老师以为多尝试几次就会有效果，能够激起学生的学习欲望，但是部分学生这种教不会、不愿学的状态让李老师感到心累，甚至让她怀疑自己的教学能力。在上述案例中，李老师存在的困扰主要是教学效能感低。

教学效能感是指教师对成功组织和实施有关教育活动能力的知觉与信念，可分为一般教学效能感和个人教学效能感。前者指教师对教与学的关系以及教育在学生发展中的作用等问题的一般看法和判断，即教师是否相信教育能够克服社会、家庭以及学生自身素质的消极影响，有效地促进学生的发展。后者指教师对于自己影响学生的学习活动和学习结果的能力的主观判断或信心。教学效能感不是与生俱来的，是在教学活动中逐渐形成和发展起来的，是与教学实践中的成败经验、主观努力、外在评价及自身能力认知等密切相关的。

应对之道

有研究指出，教学效能感越强的教师，职业认同感也会越强，并且教学效能感与教师的幸福感指数和生活满意度也有密切的关系。因而，教师要想提升教学效能感可以从以下几个方面着手。

加强教学监控。备好课是提高教学效能感的前提，上好课是提高教学效能感的基础。因此，学校加强对教学过程的监督是提升教师教学效能感和职业幸福感的有效途径。

建立正确认知。关于教学，即使有的教师很优秀，也不能调动全部学生全神贯注地专注于自己的课堂。在教学过程中遇到不遵守纪律、学习态度不端正的学生，是每个教师都会面临的问题，要学会去接纳这种现象的存在。这并不是某个教师特有的困难，教师要建立正确的认知观。

学会正确归因。教学效能感受归因方式的影响。心理学研究表明，积极归因对人的情绪、行为等有重要影响。一般来说，将教学成功归因于自己的能力、努力或者有效的教学方法，把教学失败归因于努力不足或缺乏方法，有助于保持工作动机，产生较高的教学效能感。如果把失败归因于自己缺乏能力，将成功归因于任务简单或运气好等，则不利于教师建立信心，会降低教学效能感。

不断丰富知识结构。教师应不断充实自己，不仅要建构适应教改的新的知识结构，而且要加强品德修养，形成独特的人格魅力，从学生对自己的尊重中寻找自信，提高教学效能感。

学会人际交往的艺术。与人交往贵在真诚，与学生交流也是如此。在许多教师看来，学生是小孩、是晚辈，但是每一个学生都是具有鲜明独特性的个体，并且学生也能感受到教师对自己的态度及是否关注自己。因而教师与学生之间，也要建立良好的人际沟通。让学生得到关爱，有助于教师教学任务的完成，提高教师的自我教学效能感。

心理小贴士

习得性无助行为

习得性无助是指个体所体验到的一种无力感，这种无力感是由一次失败的创伤事件或多次失败而未能成功的事件引起的。习得性无助是心理学家在研究动物时发现的。在实验中，实验人员以狗作为研究对象。初期把狗关在笼子里，外面蜂音器一响，实验人员就给狗以电击。多次实验过后，只要蜂音器一响，即便把笼门打开、没有电击，狗也不会逃跑，且未等到电击就倒地呻吟和颤抖。但人类的习得性无助是一种更加复杂的心理现象，"遭受接连不断的失败和挫折并被不当归因和评价所左右，个体便会感到自己对一切都失去控制和无能为力，从而对自己丧失信心而表现出一种消极的、特殊的心理状态与行为倾向"。

教师的习得性无助就是因为一次次倾注热情和期待，却没有得到自己所想要的反馈，使得教师丧失了成功的信心。如果教师能够在教学中体验到小小的胜利，这些胜利能够帮助教师增强自信心，从而增加教师获得更大成功的可能性。因为只有充满自信的人，才能从一个胜利走向另一个胜利。

16 怎样获得对自身教师身份的认同？

在甘老师所在的学校，语文、数学、英语等主要科目占据了绝对的主导地位，这些科目的成绩直接关系到学生的升学率和学校的排名。因此，这些科目的教师往往受到更多的关注和资源倾斜。相比之下，甘老师的美术课被视为"副科"，不仅课时有限，而且在需要学生动手设计画作、创意作品的活动中，学生的参与度不高，甚至会利用这难得的美术课时间学习其他学科或写作业。甘老师觉得自己的努力备课与认真上课的付出没有得到应有的认可和尊重，对于美术老师这个身份渐渐产生了怀疑。

心理解读

甘老师所面临的困境反映了教育教学中存在的学科偏见和价值排序问题，如美术等不需要成绩的学科被边缘化，被视为"副科"。甘老师感到自己的工作没有得到足够的认可和尊重，这直接影响了她的职业认同。职业认同是个体发自内心地认为自己所从事的职业有意义，并能找到自我价值。教师的职业认同具体表现为"教师承认自己的教师身份，乐于接受教师职业，并能对教师职业作出积极的感知与恰当的评价"，是他们对自己教师角色的满意度和自我价值的体现。当这种认同感受到挑战时，可能会导致职业倦怠和动力下降。学生对美术课的轻视，让甘老师感到孤立无援，使其对自己美术教师的身份产生怀疑。

　　人类是社会性动物，需要归属感和社会支持，当一个人在自己的工作环境中感到被排斥或不被理解时，可能会产生强烈的孤独感。长期的忽视和贬低可能导致甘老师对自己的教学能力和美术教育的价值产生怀疑，这种自我怀疑还会影响她的自信心和教学效果。当教师感到自己的努力没有得到认可时，他们的教学动机可能会减弱。

应对之道

　　那么，教师在工作中应如何提高职业认同感？

　　增强职业价值感，提升自身职业素养和专业技能。教师在教学过程中取得的收获和成就，可以有效提升教师的职业认同感。首先，发挥自身主观能动性，树立自主学习的理念，不断增加自己的知识积累。其次，积极参加校内、校外培训，接受新知识，学习新技能，不断提升自己的教学和科研能力。最后，积极将所学知识运用到教学和科研实践中，为提升自身教学水平和教学能力不懈努力。张桂梅校长曾说过："只要我还有一口气，我就要站在讲台上，倾尽全力、奉献所有、九死亦无悔。"张桂梅校长对自己教师职业的认同深深触动了我们每个人。

　　增强职业归属感，培养和谐人际关系。多参加各种各样的校园活动，在校园活动中感受学校里轻松、愉快、自由的氛围，体会到教师团队的友爱和温暖。在轻松自在的环境下工作，身心可以得到有效放松。同时，我们在工作和生活中的烦恼也可以随时向亲朋好友倾诉，通过排解不良情绪，增强归属感，进而提升职业认同感。

　　增强职业效能感，提升工作幸福指数。教师的工作目标是促进学生的全面发展，因此关注学生的进步和成就对于提升自我效能感至关重要。教师可以记录学生的学习成绩、参与度和表现等，及时给予肯定和鼓励。同时，教师还可以与学生和家长进行交流，了解学生在学习和生活中的困难和需求，提供适当的帮助和支持。当教师看到学生取得进步和成就时，会感到自己的付出和努力得到了回报，从而增强自我效能感。

心理小贴士

教师发展三阶段理论

我们每个人都具有多重角色的身份，子女、学生、兄、弟、姐、妹，不同角色的交往对象也大不相同，成长模式也不相同。教师也是如此，教师是学生学习的指导者、朋友，课程的研究者，活动的组织者等，正是由于交往对象的多样性，在教师成长的不同时期，所关注的问题也不相同。在学校中，教师交往的对象包括：学校领导、同事、学生、家长等。

心理学家根据教师的需要和所关注的焦点问题的不同，将教师的成长发展划分为三个阶段：

关注生存阶段——人际关系。关注生存阶段是教师专业发展的开始阶段，刚刚进入教师岗位的新教师处于这一阶段。新教师非常关注自己能否适应新岗位、新工作，十分在意周围人的看法，尤其在意自己在学生、同事和领导眼中的地位。在这个阶段教师把大量时间放在搞好人际关系上。关注问题："学生喜欢我吗？""同事们如何看我？""领导是否觉得我干得不错？"

关注情境阶段——教学与管理。经过第一阶段教师感到自己已经完全站稳脚跟后，开始把关注点更多地放在与教学情境相关的方面，也就进入了关注情境阶段。如何更好更充分地备课、上课时采用什么教学方法、如何提高学生的成绩水平、怎样进行班集体建设成为这阶段教师不断考虑的问题。关注问题："内容是否充分得当？""如何呈现教学信息？""如何掌握教学时间？"

关注学生阶段——学生发展。关注学生阶段是教师发展的最后一个阶段，经历了上两个阶段后教师开始关注学生的发展，根据不同发展水平的学生采用相对应的教育方法，也就是因材施教，关注学生的个体需求。能否自觉关注学生是衡量一个教师是否成熟的重要标志之一。关注问题："学生最近上课状态为何不佳？""如何采取措施促进后进生转化？"

17
怎样获得教师职业成就感？

赵老师每天为教学任务和班级管理的工作忙活，她总感觉时间不够用，没有自己的独立时间与空间。她每天两点一线，往返于学校和家里，几乎累到筋疲力尽的状态。尽管如此，她却感觉没有看到曾经憧憬的桃李满天下的画面，有的只是学校里破不完的"案"、填不完的表、组织不完的活动，没有多少时间是真正的教学时间，教学技能好像也没有得到实质性的提高。这样低质量的生活，让她感觉不到任何的职业成就感。赵老师非常想找回当初刚入职工作时的那股冲劲与热情。

心理解读

在许多外行人看来，教师拥有的自由时间最多，先不说许多人眼里羡慕的寒暑假，还有周末和各种节假日。事实上，教师除了上课，需要处理的琐事很多，不仅包括学生的学业教导，还有学校的日常行政事务，与许多教师在进入教师行业前的理想状态有很大出入。上述案例中的赵老师就是如此，面对的工作不再是以前想象中的"桃李满天下"的情景，更多的是学校的非教学性事务，这种状态让赵老师感到很有压力，并且觉得没有什么成就感。赵老师存在的主要问题是缺乏职业成就感。教师职业成就感指的是教师认为自己能够胜任所从事的工作，在教育教学工作过程中发挥自己的能力，充分展示自己在教育教学工作方面的潜能，实现教育教学目的，达到了自己事前设定的目标，由此而体验到一种自我实现的内在满足。

 ## 应对之道

那么，教师在教学过程中应该如何提高自身的职业成就感？

提高幸福感受力。教师需要处理许多琐碎的事务，这是绝大部分教师都会面对的情况，关键是以什么心态去面对，如果能接受这种情况的存在，认同行政教学两手抓，提高幸福感受力，感恩自己的寒暑假与周末，也许能够减轻这些低成就感的负面情绪影响。提高教师的幸福感受力可以从以下两方面着手。

一方面，形成属于教师"自我"的幸福尺度。教师要正确认识自己的职业角色，提高自己的心性修养，形成属于教师"自我"的幸福尺度，以此尺度定义属于自己的幸福。

另一方面，努力塑造自我积极的人格特质。教师要获得职业成就感，体验到职业的幸福感，自己要先有一颗能感受幸福的心。这颗"心"的心理基础就是积极的人格心理。研究表明，希望、热情、沟通能力、好奇心、感激之心、耐力、幽默感、社交智慧、勇敢、聪明、自我调节、领导能力、精神追求、热爱学习、友好、甘于付出、慎重、团队协作、创造力、可靠、审美能力、判断力、公平心、谦虚等24项人格特征有利于催生幸福感，教师可以经常对照24项有利于催生职业幸福感的人格特征来提升自己，不断塑造积极的人格心理特质。

增强职业认同感。高水平的职业认同能使教师对教育教学活动富有热情，充满爱心、耐心、责任心，能认识到自己工作的重要性，从工作中体验到自我满足，体会到教师职业的成就和幸福。认同自己的教育行业，向榜样学习，增强自己的幸福感。

增加自我效能感。教师的自我效能感作为一种内在的心理体验与感受，对教育工作、学生发展、教师自身发展都具有极其重要的意义。教师将注意力重点放到能够带给自己积极教学反馈的事情上去，能够进一步增强自己在教学中获得成就的信念。

心理小贴士

成就动机理论

成就动机理论将人的高层次需求归纳为对成就、权力和亲和的需求，并对成就需求做了深入的研究。成就需求是指人渴望成功的需求，希望把事情做得完美，在争取成功的过程中克服困难，解决问题，享受努力奋斗的乐趣以及获得成功后的成就感，并希望得到努力后的适时评价。亲和需求是指建立友好和谐关系的需求，寻求被人喜欢的一种愿望。渴望和谐舒心、相处有度、合作共赢的工作环境，重视社会关系和人际关系的维护，希望在工作中形成良好的工作氛围和被他人同样以良好的态度所对待。权力需求是指希望影响他人，领导他人或者控制他人，但自己能不受控制的需求。希望在某个事件中，自己能拥有控制的能力，或者能够影响他人，或者能成为上下沟通的信息渠道，以便施加影响，要求其他成员服从并统一到"我"的意志上来。以上三种需求相互作用、相互补充，没有顺序和层次区别，共同构建了个体力求成功并为此目标而努力的一般倾向。

成就动机是人们在成就需要的基础上产生的，它是激励个体乐于从事自己认为重要的有价值的工作，并力求获得成功的一种内驱力。在关于教师教学能力提升的影响因素研究中，教师成就动机一直是学界重点探讨的主题之一。教师提高成就动机对于获得教学职业成就感有正向激励作用，关于教师如何提高成就动机可以参照以下做法：

1.通过自我反思、设定目标和持续学习等方法来实现，定期反思教学实践，总结成功经验和不足之处，不断改进教学方法，提升教师质量，获得正向反馈。

2.设定明确的目标，结合短期与长期目标，如每周完成一定数量的教案，一年内获得某个专业证书，并遵循SMART原则确保目标具体、可衡量、可实现、相关性强且有时间限制。

3.持续学习与发展是关键，通过参加培训和进修，不断提升专业知识和技能；利用业余时间阅读教育类书籍、期刊和在线资源，保持对新知识的好奇心。

4.积极寻求反馈，向同事请教，互相提供意见和建议，共同进步；鼓励学生提供课堂反馈，了解他们的需求和期望，调整教学策略。

5.建立良好的师生关系，关注每一位学生的成长和发展，建立信任和支持的关系；采用多样化的教学方法，激发学生的学习兴趣和积极性。

6.参与专业社群，加入教师协会或参与教育相关的在线论坛和社交媒体群组，与其他教师分享经验和资源。保持积极心态，面对挑战时保持乐观的态度，相信自己能够克服困难。

通过以上方法，教师可以在调节自我情绪的同时，不断提升自身的成就动机，进而提高教学质量和个人职业满意度。

18

怎样合理利用时间获得个人成长？

陈老师是一名初中语文教师，平时教学任务较为繁重。在学校，除了上课，还要开会、处理学生事宜，晚上下班回到家已经很疲惫了，她只想躺在沙发上休息一下，不想动弹。周末陈老师也只想好好在家放松放松或者与朋友相约之类的。但是陈老师看到朋友圈好友  的动态，有的人获得了相关荣誉证书，有的人在分享自己追求理想生活时所做的努力，她回过头来想想自己什么都没有，只能感叹时光的流逝。陈老师想起曾经入职时的雄心壮志，不禁叹了口气，有的时候也很想提升自己，但是每天这么多事情，哪有时间去自我提升呢？

心理解读

许多人步入工作之后，就不得不花费主要精力处理工作事务，而兼顾不了自己的兴趣爱好与自我提升。上述案例中的陈老师便是如此，在工作了一天之后，感觉身心俱疲，回到家里只想放松一下自己，比如玩玩游戏、看看电视，做些不需要耗费什么精力的事情，但是苦恼于这并不是自己刚入职时所追求的状态，想要在工作之外的空余时间，好好提升自己，而不是虚度光阴。陈老师的困扰也是许多教师的困扰，由于工作繁忙，主要时间都用在应付学校的日常工作，认为只要完成学校的工作，获得劳动报酬，就算是获得了价值，但回顾过往又觉得浪费了时间，蹉跎了岁月。鲁迅先生曾说："时间就像海绵里的水，只要愿挤，总还是有的。"

 ## 应对之道

针对缺乏清晰时间规划能力这一问题，教师可以采用"四象限法""二八原则"等方法来帮助自己建立系统的时间规划。当然，有一些时间规划问题，教师还需要结合自身的工作实际来处理。

四象限法。每天早上确定今天需要做的紧急和重要的事，然后晚上睡前回顾一下，看有没有做好平衡以及有哪些需要提升的地方。时间管理就是要找到自己的优先级，如果一堆琐事占满了时间，重要的事情就没有空位了。这个时候就需要做一些取舍，放弃一些事物，鱼和熊掌不可兼得。

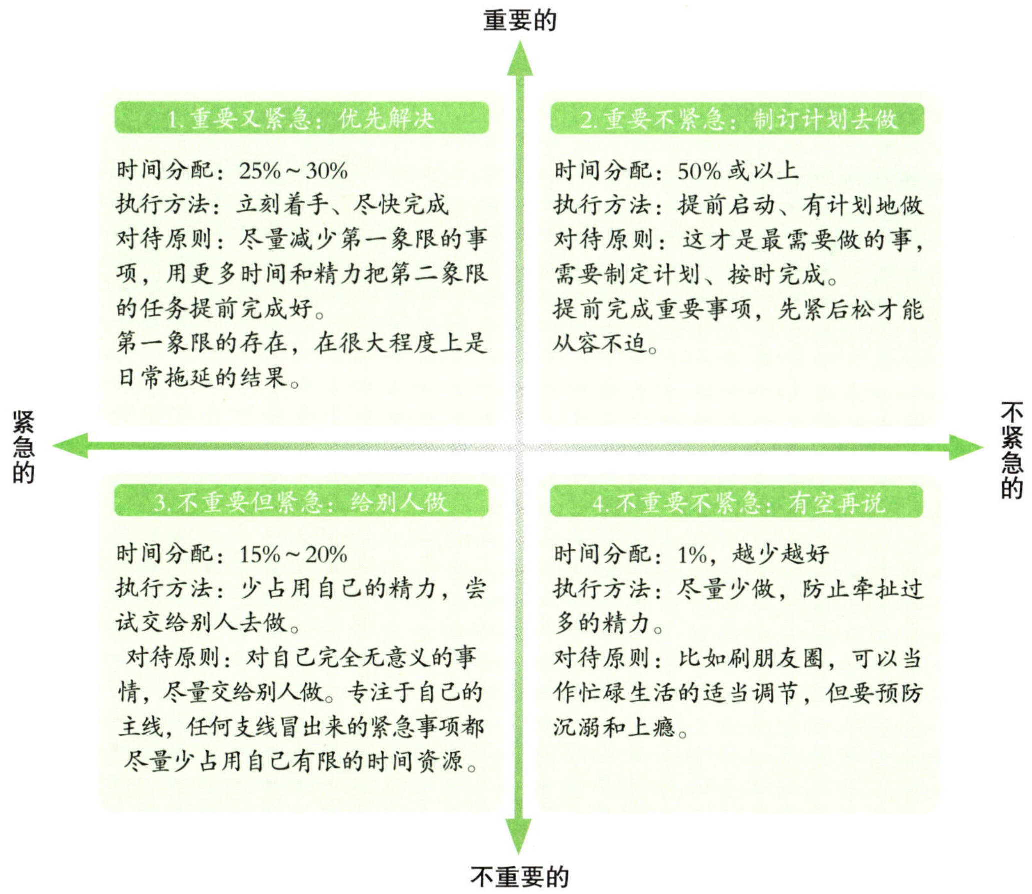

重要的

1.重要又紧急：优先解决

时间分配：25%～30%
执行方法：立刻着手、尽快完成
对待原则：尽量减少第一象限的事项，用更多时间和精力把第二象限的任务提前完成好。
第一象限的存在，在很大程度上是日常拖延的结果。

2.重要不紧急：制订计划去做

时间分配：50%或以上
执行方法：提前启动、有计划地做
对待原则：这才是最需要做的事，需要制定计划、按时完成。
提前完成重要事项，先紧后松才能从容不迫。

紧急的　　　　　　　　　　　　　　　　　　　不紧急的

3.不重要但紧急：给别人做

时间分配：15%～20%
执行方法：少占用自己的精力，尝试交给别人去做。
对待原则：对自己完全无意义的事情，尽量交给别人做。专注于自己的主线，任何支线冒出来的紧急事项都尽量少占用自己有限的时间资源。

4.不重要不紧急：有空再说

时间分配：1%，越少越好
执行方法：尽量少做，防止牵扯过多的精力。
对待原则：比如刷朋友圈，可以当作忙碌生活的适当调节，但要预防沉溺和上瘾。

不重要的

图2-1　时间管理四象限法则

二八原则。也称帕累托原则，它是指在许多事物中，大约只有20%的部分占据主导的关键作用，剩下的约80%的部分则处于次要地位。因此，要提高工作效率，摆脱忙碌紧张的状态，就要掌控好时间，把80%的时间花在能出效益的20%的关键事情上。比如，一天中注意力最集中的时间，要分配给最需要集中精力的工作，可以达到事半功倍的效果。有人是早晨注意力最集中，有人是下午或夜里，需要发掘自己最佳工作和学习时间。

学会列事项清单。列好两种清单，清单必须细节具体且可执行。待办事项用来提醒自己需要做的事情，每天花10分钟时间把要做的事情列出来，且排好优先次序。完成的事项可以用来审视自己的时间安排，帮助我们回忆今天做了什么，以及花费的时间。之后可以每月总结这段时间做了什么，反思时间分配是否合理。

善于利用碎片时间。碎片时间一般可分为通勤时间、吃饭时间、排队时间等。对于碎片时间的利用一般可分为学习办公、原地锻炼、养精蓄锐、回复信息等。例如你喜欢写作，就可以利用碎片化时间收集写作素材。总之，了解自己有哪些碎片时间，规划清楚碎片时间可以做什么，剩下的就看自己的安排了。

学会运用时间管理App。教师可以使用一些流行的时间管理App帮助自己落实时间管理。例如，一些时间管理App可以用于计划的制定，并且它可以十分便利地对任务进行拆分、标记任务是否完成；还可以通过画思维导图的方式对计划进行罗列，使计划安排更具条理性。开始使用这些时间管理App时，可能会觉得有些不便，并且短期内可能不会感觉有什么变化，但是长期坚持下来就会有明显的效果。

合理授权。教师在日常工作中需要花费一部分时间进行班级事务处理，虽然教师并不能像领导一样有自己的下属，但是依然可以通过授权的方式来减轻自己的负担。一方面，教师可以培养学生干部做事的积极性与主动性，让他们协助自己共同管理好班级。另一方面，教师应重视家校合作，与家长密切配合，共同做好学生的教育工作。

心理小贴士

时间管理中的"墨菲定律"

"墨菲定律"是一种心理学效应。墨菲定律的基本内容是：如果事情有变坏的可能，不管这种可能性有多小，它总会发生。在时间管理中，我们也可以看到墨菲定律的影子。

有人曾说过这样一句话："要让时针走得准，必须控制好秒针的运行。"这句话也充分说明了细节在时间管理中的重要性。

墨菲定律给我们的启示是：在时间管理中，一定要关注细节，如果你很快完成90%的工作，别高兴太早，如果不仔细检查一下，很有可能它就停留在了90%的那个地方。那么，我们应该如何用墨菲定律做好时间管理呢？可以从以下几点着手：事先做好周密计划，设想各种可能发生的情况，不要忽略小概率事件；针对可能造成重大事故的事情提前建立预警机制；建立应急对策和措施，并宣传给相关人员，必要时组织模拟演练；随时根据事态的发展状况调整应急对策和措施。

19 怎样实现职业理想?

案例导入

已经当教师3年多的张老师目前处于比较迷茫的时期——很难看到自己职业发展的清晰路径。张老师感觉自己无法给学生的生活带来更大的变化，而自己的职业所带来的诸如家庭、社会认可等回报少之又少。他感觉在教师这一职业里似乎追求不了什么，也没什么追求。张老师对自己的工作感到很疲惫，看不到未来的方向，有种浪费光阴、前途迷茫的感觉。

心理解读

周星驰电影中有句著名的台词：人如果没有梦想，那和咸鱼有什么分别啊？在上述案例中，张老师对自己的职业发展失去了方向，对自己的工作具有低成就感的负面评价，在工作岗位上不仅仅碌碌无为且身心俱疲，为自己的前途很是担忧。张老师的问题主要是对未来感到迷茫，缺乏清晰的职业生涯规划。

教师的职业生涯是指一名教师从事教师职业的整个过程。如果教师能够科学地规划自己的职业生涯，将有利于自身的成长，拥有幸福的职业人生，也能使自己的学生获得更优质的教育。

应对之道

教师要想实现职业理想，需要做好职业生涯发展规划。教师职业生涯规划的基本步骤包括了解自我、确定目标、确定内容和形式、制定行动计划并实施、评估与反馈五个方面。

了解自我。在这一环节，我们可以借助乔哈里视窗、SWOT分析法了解自我，也可以通过自我提问，如知识面、专业能力、个性特点、社会环境、学校环境、家庭环境等方面分析存在哪些有利于职业发展的因素，哪些不利因素。

1.乔哈里视窗

心理学家从自我概念的角度对人际沟通进行了深入的研究，并根据"自己知道—自己不知道"和"他人知道—他人不知道"这两个维度，依据人际传播双方对传播内容的熟悉程度，将人际沟通信息划分为四个区：公开区、盲目区、隐藏区和封闭区。这个理论被称为"乔哈里视窗"。

公开区：自己知道、他人也知道，例如个体的姓名、家庭情况、部分经历和爱好等。如果个体的公开区最大，会是一个什么样的人？是一个善于交往、非常随和的人。这样的人容易赢得他人的信任，容易和他人开展交流与合作。所以，我们要学会主动公开，多询问他人对自己的意见。

盲目区：自己不知道、他人却知道，例如自己性格上的弱点或者坏的习惯，自己的某些处事方式，别人对自己的一些感受，等等。如果一个人的盲目区最大，会是一个什么样的人？是一个不拘小节、夸夸其谈的人。他有很多不足之处，别人看得见，自己却看不见。造成盲目区太大的原因就是说得太多、问得太少，不去询问他人对自己的看法。所以我们要恳请反馈，遇到不懂的地方多请教他人。通过不断接受外界的反馈，我们的盲目区才会逐渐减小。

	A 公开区	B 盲目区
别人知道		
别人不知道	C 隐藏区	D 封闭区
	自己知道	自己不知道

图2-2 乔哈里视窗模型

隐藏区：自己知道、他人却不知道，例如你的某些经历、希望、心愿、秘密，以及好恶等。如果一个人的隐藏区最大，会是一个什么样的人？是一个内心封闭或者说是个很神秘的人。关于他的信息，别人都不知道，只有他自己知道。这样的人，别人对他的信任度是很低的。因为一个人如果很神秘、很封闭，往往会引起他人的防范心理。所以，我们要学会表露自己，把一些难以说出口的想法"厚着脸皮"说出来。

封闭区：自己不知道、他人也不知道，例如自己身上隐藏的天赋。封闭区像是尚待挖掘的宝藏，也许通过某些偶然或必然的机会得到了较为深入的了解，使自己对自我的认识也不断地深入，这样人的某些潜能就会得到较好的发挥。如果一个人的封闭区最大，就是关于自己的信息，自己和别人都不知道。这样的人，他不主动问别人对自己的了解，也不主动向别人介绍自己。封闭会使一个人失去很多机会，所以我们要勇于探索，要尽可能缩小自己的封闭区，主动地通过别人了解自己，主动地告诉别人自己能够做什么。

2.SWOT分析法

SWOT分析法是将与研究对象密切相关的各种主要内部的优势、劣势和外部的机会、威胁等，通过调查列举出来，并依照矩阵形式排列，然后用系统分析的方法，把各种因素相互匹配起来加以分析，从中得出一系列相应的结论。

优势。充分了解自身的优势，有助于发挥自身特长，使自己的长板最大化。但出于自谦或者自轻，很多时候我们很难发现自己身上的闪光点。这一步最重要的一点是要做到"自我欣赏"。在罗列优势时，我们可以这样问自己：在哪些方面做得特别好？最擅长什么？最喜欢自己身上的哪些点？人生至此，你最重要的

图2-3 SWOT分析模型

每天学点心理学：教师心理健康知识手册

成就，或最令你骄傲的是什么……

劣势。劣势是阻碍个体前进和获得良好生活的阻力，在这部分我们需要进行严厉的自我审视。在发现自身不足时，我们可以这样问自己：最讨厌做的事情是什么？接受过哪些批评，有无道理？觉得自己当下最需要改进哪些地方……

机会。机会是在所处的社会环境中，自己所占据的优势因素。人无法摆脱社会环境单独存在，及时抓住时代的机遇，是目标达成的关键所在。在思考机遇时，我们可以这样问自己：在这个岗位上再干上五年十年会是怎样的？外部环境有哪些对自己有利的因素？自己身上有哪些别人不具备的能力、技能……

威胁。威胁是在所处的社会环境中，自己所面临的不利因素。在发现威胁因素时，我们可以这样问自己：外部环境有哪些对自己不利的因素？现实中有哪些阻碍？有哪些即使自己不断提升和改进仍无法改变的环境因素……

把每个部分拆解成无数个小问题，不停地自我发问，经过这么一番审视，你会对自身有更清晰的觉察，也会更加了解自己。

确定目标。在制定目标时，目标设置不宜过低，也不宜过高。确立的目标应该是符合自己实际情况的，并在此基础上有一定的高度，"蹦一蹦，够得到"，经过努力可以实现的。可以尝试问自己以下问题：

1.我希望从教师这个职业中得到什么？

2.在我已有的教育经验中，什么样的经历让我最感到满足？

3.我希望成为什么样的教师？

确定内容和形式。在内容上，要成为这样的教师，我需要进行哪些方面的自我提升？

在形式上，有哪些途径和资源可以利用？常见的途径和资源有：

1.参与知识讲座、短期课程培训、研讨会、自我主导的阅读、网络资源的运用等。

2.基于自身实践的反思性教学、写日志、写自传、信件交流、想象等。

3.构建教师支持系统、教学观摩、校内"传帮带"活动、校内外听（说、评）课、教育科研等。

制定行动计划并实施。在此环节，个体需要找到自身现实状况与实现目标之间的差距，制定缩小差距的方法及实施方案。在实施过程中，可以把自己的方案贴在办公室里，或经常可看见的地方，或存入电脑里，时刻提醒自己，尤其要注意日程表，并保证定期回顾、监督方案实施。

评估与反馈。影响教师职业规划的因素有很多，职业生涯规划并不是一成不变的，要使职业生涯规划行之有效，就必须不断地对职业生涯规划进行评估与修订。

心理小贴士

人格测试方法

MBTI（Myers–Briggs Type Indicator）人格测试。MBTI是迈尔斯·布里格斯类型指标的简称，是一种人格测试理论模型。它也是一种基于卡尔·荣格的心理类型理论而设计的性格测试，用以衡量和描述人们在获取信息、作出决策、对待生活等方面的心理活动规律和性格类型。按照卡尔·荣格对于人的心理类型的基本划分，人群分别属于外向型E或内向型I：前者倾向于在自我以外的外部世界发现意义，而后者则把相应的心理过程指向自身。接下来就是四种心理功能的划分：两种理性功能（思考S和情感F）以及两种感知功能（实感S和直觉N）。每个人都有属于自己的某一个主导类型，而圆满的状态，则是这四种心理能力的齐头并进。

卡特尔16种人格因素问卷（Sixteen Personality Factor Questionnaire，简称16PF）。卡特尔16PF测验由美国雷蒙德·卡特尔教授编制。卡特尔采用系统观察法、科学实验法以及因素分析统计法，经过二三十年的研究确定了16种人格特质，并据此编制了测验量表，16PF适用于16岁以上的青年和成人。

明尼苏达多项人格测验（Minnesota Multiphasic Per-sonality Inventory，简称MMPI）。它是迄今应用极广、颇富权威的一种纸笔式人格测验。其简版包含399个测试题，完整版为566个测试题，主要用于检测和筛查心理健康、精神疾病（疑病、癔症、抑郁、偏执、精神病态、躁狂、异性化、内向和精神衰弱）等。

大五人格测试（Big Five Personality Traits）。大五人格也被称为人格

的海洋，它们分别是：开放性，指个体对经验持开放、探求的态度；尽责性，指个体在目标导向行为上的组织、坚持和动机；外倾性，指个体对外部世界的积极投入程度；宜人性，指个体在合作与社会和谐性方面的差异；神经质，指个体体验消极情绪的倾向。

20

怎样不断适应教育新理念、教学新环境？

　　叮，邹老师的手机收到一条短信，学校通知开展线上全员培训。这一个学期以来，教育体育局为提高教师思想政治素质和业务能力，传播先进教育理念，促进教师全面发展，组织了一系列培训活动。邹老师先后参加了小学语文继续教育、县级名师培训、心理健康教育技能培训、班主任培训、师德师风专题培训等一系列线上线下培训活动。一开始，邹老师抱着认真学习的态度，时间长了，慢慢就懈怠了，甚至有些厌烦……

心理解读

　　在工作中，大家都希望能够得到进一步的提升，比如教师参加教育体育局和学校举办的培训，这些都能够帮助个体进一步了解自己的工作，深刻认识工作内容以及提高工作执行能力。但是当个体不断面对越来越多的培训的时候，对本身的工作也有些应付不过来，这时候如果失去了平衡，很容易像上述案例中的邹老师一样，一开始是抱着认真的态度去学习，后面就懈怠甚至厌烦了。缺乏对教育培训的正确认知以及无法平衡好工作与培训，很容易让人对学习产生负面情绪。教师除了是知识的传授者、课程开发和设计者、学生学习的引导者外，也是终身学习者。这是现代社会赋予教师的新的角色使命。案例中的邹老师，一开始态度认真，说明具有终身学习的意识，但行动上存在缓慢、停滞现象。

 ## 应对之道

当今时代，变革已成为寻常。作为教育者，教师要主动学习，积极提升自身的综合素养。

树立终身学习的正确观念。常言道：要想给学生一杯水，教师就应该有一桶水。那么这桶水从何而来？从书本上来，从培训中来，从与优秀的同事、长辈的交谈中而来，这些都值得我们去学习和关注。所以，教师要适应教育理念与教学环境的不断变化，以积极的眼光去看待这些变化发展的事物，树立终身学习的观念。

确定学习目标，坚持不懈。学习就像射击打靶，不能没有目标，每一位教师都应该给自己树立明确的学习目标，而且要坚持下去。

学习无处不在，学习无时不在。信息时代的到来和技术的发展应用使得人们几乎在任何时候、任何地方都可以学习，每一位教师都应该意识到自己的学习处境，主动获取学习时间和空间。

迎接挑战，克服惰性。人都有惰性，教师也不例外。作为学习者的教师首先要克服自身的惰性，勇敢地面对挑战，走出"舒适地带"。

学会与他人交流和分享，形成学习共同体。教学工作是一项集体性事业，教师在学习的道路上并不是孤独的行路人，教师应学会与他人合作、分享与交流。

心理小贴士

何为终身学习

终身学习指个体一生中需要的知识、技能、学习态度等被开发和运用的全过程。终身学习具有以下特征：

1.从本质上看，主张学习活动是个体终其一生的权利与责任，个体有权利也有义务从事终身学习活动；

2.从过程上看，强调学习活动是个体终其一生的过程，学习活动和生命历程一样长久；

3.从范围来看，既包括正规教育、非正规教育和非正式教育在内的各级各类教育活动，也强调教育机会的统整与融合；

4.从制度层面，强调教育制度的多元化和学习渠道的开放性，旨在使个体能自主、自由地选择学习内容与途径；

5.在实施策略上，强调教育机会要有"纵的连贯"和"横的融通"，注重自我设计和自我完善，使学习者可以在人生的各个阶段，选择最适合自己的时间、地点和方法，进行持续、有效的学习活动。

提倡终身学习的目的在于培养终身学习者，唤醒个体的终身学习的意识，因此需要个体终身学习的态度和习惯的养成。

每天学点心理学：教师心理健康知识手册

第三篇
职业
安全感篇

在前一篇中，我们探讨了教师如何更好地拥有获得感，相信各位读者都有了不小的收获。在这一篇章中，我们来探讨一下教师的安全感。安全感可以说是教师职业生涯长久健康发展的根本，也是教师个体追求理想的基础。所谓职业安全感，通俗来说就是自己被工作环境和工作对象所需要，有能力掌控职业中发生的各种情况，从而获得自我认同。职业安全感的重要性不言而喻，但从事教师这个职业，其实也面临着很多不安全的因素，如：薪资待遇相对偏低，职称评定不如意，在和领导、同事、家长、学生的交往过程当中遇到的压力，课堂突发事件，等等。因此，在这一篇章中，我们将展开谈一谈，有哪些典型问题会触及教师的职业安全感。

21
新入职教师担心"站不稳"讲台怎么办？

案例导入

　　小张是某中学新入职的一名英语老师，她刚刚走出大学校门、步入社会，寻得了一份自己还算满意的工作。校长见小张是名牌师范院校毕业的学生，想来定是可塑之才，便让小张接手七年级5班和7班的英语教学工作，并担任5班的班主任。小张得到领导的赏识心里虽然很高兴，但难免还是犯怵：自己虽然就读的是师范类大学，大四时也有过实习的经历，但还是害怕自己作为班主任，年纪太轻，在学生中树立不了威信，担心学生如果不听自己的怎么办？不仅如此，承担班主任这一职责免不了要和各种各样的家长打交道，如何与家长沟通也是一门需要学习的艺术。小张老师上课前比较焦虑，害怕班上如果有几个调皮捣蛋、破坏课堂纪律的学生影响课程进度怎么办？富有责任感的她也在时时思量该怎样做好自己的本职工作，上好一堂课。为此，开学前的那几个晚上，小张吃不好、睡不香。她每天上课前都要花大量的时间备课，就是害怕自己在上课时紧张到说话磕磕巴巴，只有写好逐字稿才安心。这对于刚刚步入新环境的她来说，感觉压力很大，非常焦虑。

心理解读

　　本案例中的主人公小张老师刚踏出校园，作为教学小白的她正面临着环境适应性问题。初入职场，她由于对自己的工作环境、工作对象、工作伙伴和工作方式等都不熟悉，因此需要一点时间来尽快完成自己由"大学生"到"老师"的角色转变。在这个阶段，新老师的压力是很大的。他们不仅要应对好人际和环境的压力，还要考量自己能否胜任这个职业。正如案例中的小张老师，她认为自己年纪尚轻，经验不足，担心自己不能胜任工作。这对于新教师的胜任力是不小的考验，新教师如果能够平稳度过这一时期，无疑是有助于树立自己的教学自信、增强教学效能感的。

　　同时，小张老师是一位很认真、很有责任心的好老师。拿上课来说，她会用大量的时间来备课，甚至写好课程的逐字稿，足以见得她多么认真对待自己的工作，绝不敷衍塞责。正因为小张老师对待工作认真负责，害怕自己在课堂上出现问题，担心学生会影响课堂纪律，担心无法与家长有良好的沟通，因此整天吃不好、睡不香，产生了焦虑情绪。

应对之道

　　刚入职缺乏教学经验和信心的教师，应该如何快速提高自己的教学能力，"站稳"讲台？

　　新老师的成长需要时间来见证。根据教师专业发展阶段理论，一个人由师范生到专业教师的成长过程分为"任教前关注、早期生存关注、关注教学情境、关注学生"四个阶段。案例中的小张老师正处于"早期生存关注"这一阶段，该阶段她关注的是作为教师的生存问题。她比较关注班级管理、教学内容以及指导者的评价，此时还不会关注到教学情况和学生是否能听懂课程。根据教师职业生涯理论，小张目前正处于"入职阶段"。该阶段是指教师初任教师的前几年，新任教师努力寻求学生、同事、学校与教育行政人员的认同，在处理日常问题时能够达到令人满意的程度。因此，根据研究，我们能够发现新教师做不到面面俱到，不能游刃有余地把握课堂是很正常的，此时的新教师更多的是考虑自己如何站稳脚跟。但随着教学年限的增长，教师们自然会获得教学经验、丰富阅历。所以，新教师不必过分担忧自己不如有经验的专家型教师做的那样好，难以应付突发状况是完全能够被理解的。我们要相信自己，总有一天也能向优秀的专家型教师靠拢，达到甚至超过他们的水平。

对标优秀教师特质发展自我，在同行中找到榜样力量引领前进。 在了解自己以后，我们在自己需要提升的部分找到榜样，善于发现他人的优势特长进行学习。我们不仅要在自己的专业知识领域里探索和深造，多多参加学科类及教学管理类的培训，以增加自己的专业技能，还可以依靠"传帮带"的力量，给予自己能量支持。我们遇到问题时不要总是单打独斗，应多向有经验的前辈学习，多参加教育实践，这样才能更快成长。

保持积极心态，善于总结反思，逐渐成为优秀教师。 通过观察新入职的老师可以发现，他们进校后通常都很努力，希望成为优秀教师。已有研究表明，影响教师职业成功的前三大因素分别是：反思与研究，专业知识的学习，教育实践。有位心理学家曾提出一个著名的公式：经验＋反思＝教师的成长。因此，在日常工作中，要想成为一名优秀的教师，反思显得尤为重要。我们可以通过撰写反思日记、观摩与分析、做行动研究等方法来提高自己的反思意识。每天工作完成后，我们也可以利用下班通勤的时间复盘今日的工作和收获，做好记录。愿大家都能做一个工作的有心人，多思考、多学习，这样才能站稳脚跟，快速适应，快速成长。

心理小贴士

教师职业认同量表
（Teachers' Professional Identity Scale，TPIS）

指导语：请您认真读懂每句话的意思，然后根据该句话与您自己的实际情况相符合的程度，在相应的数字上打"√"。

题项	非常 不符合	比较 不符合	不确定	比较 符合	非常 符合
1.我认为教师的工作对人类社会发展有重要作用。	1	2	3	4	5
2.我关心别人如何看待教师职业。	1	2	3	4	5

题项	非常不符合	比较不符合	不确定	比较符合	非常符合
3.作为一名教师，我时常觉得受人尊重。	1	2	3	4	5
4.我能够认真完成教学工作。	1	2	3	4	5
5.我适合做教师工作。	1	2	3	4	5
6.从事教师职业能够实现我的人生价值。	1	2	3	4	5
7.我为自己是一名教师而自豪。	1	2	3	4	5
8.当看到或听到颂扬教师职业的话语时，我会有一种欣慰感。	1	2	3	4	5
9.我能够按时完成工作任务。	1	2	3	4	5
10.在做自我介绍的时候，我乐意提到我是一名教师。	1	2	3	4	5
11.我认为教师职业是社会分工中最重要的职业之一。	1	2	3	4	5
12.我在乎别人如何看待教师群体。	1	2	3	4	5
13.我积极主动地创造和谐的同事关系。	1	2	3	4	5
14.我认为教师职业对促进人类个体发展十分重要。	1	2	3	4	5
15.我能认真对待职责范围内的工作。	1	2	3	4	5
16.为了维护学校的正常教学秩序，我会遵守那些非正式的制度。	1	2	3	4	5
17.当有人无端指责教师群体时，我感到自己受到了侮辱。	1	2	3	4	5
18.我认为教师的工作对促进学生的成长与发展很重要。	1	2	3	4	5

结果分析

教师职业认同是指教师对其职业及内化的职业角色的积极的认知、体验和行为倾向的综合体，且是一个由职业价值观、角色价值观、职业归属感、职业行为倾向这四个因子构成的多维度结构。

职业价值观：由4个条目组成，用于衡量教师个体对其职业的意义和作用的积极态度，对应量表中第1，11，14，18题。

角色价值观：由6个条目组成，用于衡量教师个体对"教师角色"对其重要性的积极态度，表现为教师个体以"教师"自居并用"教师"角色回答"我是谁"的意愿，对应量表中第3，5，6，7，8，10题。

职业归属感：由3个条目组成，用于衡量教师对自己与其职业的关系的积极态度，对应量表中第2，12，17题。

职业行为倾向：由5个条目组成，用于衡量教师履行职业责任的行为倾向，对应量表中第4，9，13，15，16题。

该量表采用李克特5级评分法，从非常不符合到非常符合。分数越高，职业认同度越高。

22

非教学性事务多，无法安心教学怎么办？

案例导入

　　教育部曾在发布的一项报告中指出，班主任因工作时间长、教学任务重、受到许多非教学性事务的干扰，减负愿望强烈。马老师正是其中一员，她不仅是一名班主任，还兼顾了学校的行政工作。马老师不仅平时要参加各种会议，定期做好各种书面材料、填写表单、统计数据，迎接上级的检查和评估，还要参加各种考核评比。马老师说道："各种各样的非教学性事务，侵占了我们太多的时间和精力，都快没时间教书了！"在这种状况下，马老师每天用来备课的时间大大缩短，也没有时间和精力去提高自己的专业能力和技巧，并且非教学性事务似乎越来越多，这让她很是头疼，但是又没办法不做这些工作，她不知道该怎么办才好。

心理解读

　　填不完的表格、写不完的心得体会、林林总总的比赛或活动、各式各样的评比或检查……一拨拨袭来的非教学性事务让不少教师身累，心更累。正如上述案例中的马老师感慨的那样，都快没时间教书了。在教师尤其是班主任的日常工作里，往往难以避免这类琐碎工作，但如果处理不当，势必会影响教师的心情和工作状态，进而干扰日常教学工作。因此，教师要提高抗压能力，妥善平衡教学与其他工作任务。如何处理非教学性事务，这是教师成长中的必要一环。

 ## 应对之道

那么，教师在教学过程中应该如何处理非教学任务多这一难题？

学会熟练使用办公软件，巧用电子信息化设备办公。每当教师接手一个新班级，要提前把学生的信息收集齐全，制表留存。我们还可以在手机里下载一些办公软件，学会一些好用的办公技巧，比如利用语音转文字功能快速完成输入，利用软件小程序在线收集数据，等等。

寻找"班级合伙人"，培养学生班级主人翁的意识，帮助他们学会自我管理。培养一批班级小干部，如学习委员、劳动委员、生活委员、组织委员等，平时可以对他们进行一些指导，把班级任务分到每个小干部身上，比如开展班会、督促其他同学学习等，这样不仅能帮自己减轻一些负担，同时也能让小干部得到充分的锻炼。如果班级里有重大的活动，还可以邀请热心家长一同参与，帮忙共同管理，使家校关系更紧密、和谐。

做时间管理达人，画好工作坐标图，将非教学工作进行分类。我们可以将任务的时间节点标识在教学日历上，然后根据工作坐标图，排列好任务。根据工作

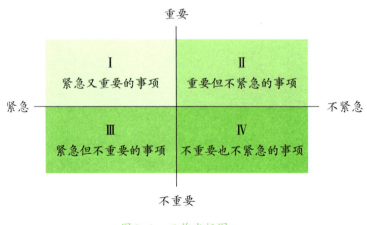

图 3-1　工作坐标图

坐标图，我们能更从容、更有效地处理好各类事务，也更有利于我们平衡教学工作与非教学工作。

调整心态，拥有良好的心态已经成功了一半。教师处理工作需要保持平和的心态，做任何事情都要持有一种乐观的态度，用点智慧与技巧，在实践中探索，办法总是有的。

落实基层减负，贯彻上级决策部署。教师的本职工作并不轻松，如果再增加大量额外的非教学性事务，让教师们负荷沉重、疲于奔命，挫伤了教育热情，降低了职业幸福感，那么，这对国家的教育事业是严重不利的。据此，中共中央办公厅、国务院办公厅印发了《关于减轻中小学教师负担进一步营造教育教学良好环境的若干意见》。教师是教育的第一资源，承载着为党育人、为国育才的历史使命，肩负着培养社会主义建设者和接班人的时代重任。中小学教师减负意见的出台，呼吁社会各界把宁静还给学校，把时间还给教师，这不仅有利于切实减少对中小学校和教师不必要的干扰，营造良好的教育教学环境，也能让教师全身心投入教书育人工作，落实好立德树人根本任务。

心理小贴士

正念冥想练习

正念冥想是一种心理训练方法，用于放慢思维，消除消极情绪，使身心平静下来，在忙碌的生活中回归真实的自我。正念冥想练习也叫三分钟呼吸空间练习，这是一种非常经典而又相对简洁的练习方法。它将冥想与正念练习结合在一起，完全专注于当下，不用进行判断就可以接受自己的思想和感觉。你只需要在一整天的忙碌生活和工作中，每次花上三五分钟的时间来练习即可。

首先，让自己进入到放松的状态，闭上眼睛并深呼吸。

第一步：问自己，现在体验到了什么？尽可能地留意你头脑中的念头。此刻有什么样的情绪升起？对这些情绪开放客观地对待，不管它是积极的、中性的，还是消极的，你的身体感受又是怎样的？

5秒钟静默。

第二步：集中所有的觉知，将注意力放在腹部，放在呼吸给腹部带来的感觉上。

　　25秒钟静默。

　　第三步：将自己对呼吸的觉知拓展开来。除了感受呼吸给腹部带来的感觉之外，也感受身体的整体感，如自己的姿势、自己的面部表情、自己的胸部、自己的腹部、自己的臀部、自己的双手……从内心去感受这些。

　　现在，尽可能地将这份宽广、浩瀚、接纳的觉知带到一天里的每一个时刻，无论你在何处，无论接下来你要做什么，让这样的觉知自然地展开。

　　现在，练习结束了。缓慢地睁开你的眼睛，看看眼前的世界……

　　相信刚才你心里那些糟糕的情绪已经缓解了很多。定期做这样的训练有利于平和心态，帮助我们更加积极地应对生活琐事。

23
遇到在课堂上不遵守纪律的学生怎么办？

案例导入

小夏是张老师班上最不遵守纪律的学生，他上课从不和其他同学一样认真听讲，总爱在课桌下面捣鼓些什么，回到家也很少按时完成作业。平时课间还喜欢捉弄女同学，经常惹得班上女同学来张老师这里告状，导致他在班上不受同学欢迎，也没有什么朋友。就连在自习课上小夏也不能和别的同学一样，安静地完成自己的学习任务。他不仅管不住自己的嘴巴，还要影响周围的人写作业，不管张老师怎么说就是不听，还和老师顶嘴争辩。面对小夏的捣乱，张老师也没少想办法，叫来谈话、略施惩罚、写检讨、叫家长……可小夏的现状却没有什么改变。久而久之，张老师深感无力，甚至觉得小夏是不是真的"有点问题"？她真的不知道该怎么办了。

心理解读

我们在工作中遇到像小夏这样的学生，的确挺让人头疼的。他们在老师的眼里大多有这些缺点，如：坐不住，上课喜欢跟同学交头接耳，经常干扰其他同学听课，不按时完成作业，等等。这些学生不爱学习，喜欢在学校打闹。其实我们仔细观察一下小夏同学可以发现，他既不是老师喜爱的乖巧听话的学生，也不是班上的优秀生，在学业上找不到存在感，甚至还经常捉弄同学，和同学产生矛盾，在班级里的归属感并不强。小夏在与同学们交往的过程中，呈现出被动退缩的特点，即在与同伴交往的情境下，小夏希望交往却不善交往或被同伴拒绝，故不得不游离于同伴之外频繁地、夸张地独自表演。我们人人都希望自己被他人关注，所以小夏正是在用他自己"独特的方式"，如"捉弄同学""和老师顶嘴"来获取老师和同学们的关注。小夏渴望与他人社交，但是却不知道怎么与他人正常交往，所以表现出来的是他一系列的问题行为。如果我们能够帮助小夏积极融入群体当中，树立起他在集体当中的归属感，那么对于转化小夏是很有帮助的。

应对之道

教师在面对棘手问题学生的时候，要结合学生平时的表现和家庭背景，多角度去分析他们背后的心理及真正的需求是什么，根据具体的问题行为去采取对应措施。

正确认识不遵守纪律的学生。我们在心理上要对不遵守纪律的学生有一个正确的认识，他们不一定是坏学生。相反，他们可能是很有个性的一批学生。我们要看到他们身上的优点：一方面是肯动脑筋，虽然他们不一定喜欢把时间和精力花在学习上，但是在其他方面他们往往很喜欢动脑筋，总是有一些新奇的想法；另一方面是敢于创新，他们总是敢于打破传统，能够想出一些别出心裁的东西。在一般情况下，敢于创新的孩子往往要比墨守成规的孩子有更大的发展空间。所以，他们身上不仅有缺点，也有优点。

应用心理学知识对学生出现的问题进行功能性行为评估。行为心理学认为，行为是有机体和环境互动的结果，每一个行为背后都有它的功能，同一个人在不同条件下可以有不同的行为动机，而相同的行为背后，也可能有不同的行为功能。比如同样是出现哭闹的行为，背后的原因有可能是想得到好吃的，有可能是不想做作业，有可能是想得到妈妈的关注，有可能是身体不舒服……功能性行为评估是为了让老师们对症下药，采取相应的措施来帮助学生慢慢引向正面行为。根据评估结果：确定学生的诱因，尽量排除不利的诱因；确定学生想要的行为结果，尽量采用其他方式满足学生的身心需求。通过评估，教师可以帮助学生理解他们所面临的障碍，并提供可替代的选择，尽可能为他们寻找到社会接受的、可满足他们需要的机会。也就是说，只有教师确认了行为背后的功能，理解了学生背后的动机，才能针对问题提供有效的干预计划。

使用强化暂停的行为干预方法。所谓强化暂停，是指学生行为的习得需要不断地强化才能保持，一旦这种强化的刺激被取消或暂停，如取消物质奖励，其行为必定逐渐减少、减弱。此法的关键是找出学生问题行为的强化源并加以控制，即要给学生明确地传达这样一个信息，如："你要是还捣乱的话，那么课间的十分钟休息时间你就不能出去玩。"

任命他们做班级"小主人"，帮助其增强班级归属感。这个方法也是教师经常会使用到的一种方法。比如小夏同学管不住自己，上课爱讲话，就可以让小夏同学担任班级的纪律委员，无形之中给他赋予角色能量，让他以身作则，规范自己的行为。对于个人而言，参与到班级管理当中来，成为班级的真正一员，增强在集体中的分量和重要性，这样也是有好处的。

正确判断孩子出现的问题行为是否需要心理咨询来加以辅助。所谓问题行为，就是在严重程度和持续时间上都超过了相应年龄所允许的正常范围的异常行为。首先教师要做的是定义目标行为和收集行为信息。教师可以观察学生此行为的性质和出现的频率。如果这个行为已经干扰到正常的生活与学习，或者危及自己或他人的生命安全，出现频率高于一般学生，那么就可以判断学生的问题属于问题行为，教师应该对其实施干预。比如教师观察学生有疑似注意缺陷多动障碍、品行障碍、人际障碍等异常问题，可以建议家长带孩子到医院的儿童精神科或儿童心理科接受更加专业的评估和诊疗。

心理小贴士

教育惩戒

《中小学教育惩戒规则（试行）》是一部关于教育惩戒的相关法规。该法律文件于2020年9月23日教育部第三次部务会议审议通过，自2021年3月1日起施行。

教育惩戒在《中小学教育惩戒规则（试行）》第七条中有明文规定，学生有下列情形之一，学校及其教师应当予以制止并进行批评教育，确有必要的，可以实施教育惩戒。

1.故意不完成教学任务要求或者不服从教育、管理的；

2.扰乱课堂秩序、学校教育教学秩序的；

3.吸烟、饮酒，或者言行失范违反学生守则的；

4.实施有害自己或者他人身心健康的危险行为的；

5.打骂同学、老师，欺凌同学或者侵害他人合法权益的；

6.其他违反校规校纪的行为。

对于惩戒的尺度，《中小学教育惩戒规则（试行）》划定了八条教育惩戒"红线"，以防止实践中个别教师将体罚和变相体罚作为教育惩戒实施。

1.以击打、刺扎等方式直接造成身体痛苦的体罚；

2.超过正常限度的罚站、反复抄写，强制做不适的动作或者姿势，以及刻意孤立等间接伤害身体、心理的变相体罚；

3.辱骂或者以歧视性、侮辱性的言行侵犯学生人格尊严；

4.因个人或者少数人违规违纪行为而惩罚全体学生；

5.因学业成绩而教育惩戒学生；

6.因个人情绪、好恶实施或者选择性实施教育惩戒；

7.指派学生对其他学生实施教育惩戒；

8.其他侵害学生权利的。

希望大家在教育学生的过程中都遵规守纪、不踩红线，安全平稳地度过职业生涯。

24

总是担心学生发生突发意外事件怎么办?

张老师最近很是苦恼,因为她管理的班级里有一颗"定时炸弹"——小华。刚开学时,单亲家庭的小华便引起了张老师的格外关注。经过平时的观察和与家长的沟通,张老师发现小华是一名性格比较偏激的同学,情绪不是很稳定,脾气一上来又犟又倔,完全不听老师的劝说和教育,一意孤行,有时甚至还会做出坐在窗台上不肯下来这种危险动作。一个星期前,小华因为和其他班级的同学拌嘴,一言不合便追着那位同学满操场打,直至被老师叫停为止。自那以后,班上有小华这号人物让张老师非常担心。为了让小华在学校里不出事,张老师不知道耗费了多少时间和精力。她经常和家长沟通,要求家长配合好学校工作共同育人。为了保证安全,张老师让小华时时刻刻都要在自己的视线范围内。因此,张老师感觉自己快要成为小华一个人的私人保姆。张老师和其他班主任交流的时候发现,大家的班级里都有那么一两个同学,像"定时炸弹"一样,总是担心他们哪天会突然"爆炸"。

心理解读

作为老师,我们不仅是学生学习知识的传播者,还是学生在校内生命安全的护航者。张老师便是这样一名拥有责任心的老师。遇到像小华这样的学生，张老师除了耐心呵护、细心守护，尽可能地把他带在身边看管，还积极与家长沟通，谋求教育合力。但是时间长了，不论是谁都会身心俱疲。不仅如此，有一些孩子更是有心理方面的问题，甚至出现问题行为，对学校其他的同学产生不良的影响。面对班级里这些潜藏的不安全因素，大部分教师常常束手无策，每天担惊受怕。

应对之道

对于"定时炸弹"的存在，教师要学会做一名有耐心的"拆弹专家"。

给予每一位学生关心和关爱，定期做好家访或者和家长沟通。 每一位学生从小到大的生长环境都不尽相同，他们做出任何行为的背后都有自己的原因。我们不清楚孩子的成长历程就无法做到感同身受，所以每次都只能在表面上就事论事，治标不治本，根本没有解决孩子的实际问题。在一段时间内，孩子的性格具有一定的稳定性，我们是能够在他的成长阶段来判断他是怎样一个人，拥有哪些人格特质。如果我们对这些都不了解，可能我们在这件事上好不容易解决了他的问题，转过头来又在另一件事情里因为其他原因复发了。所以，一定要提前了解孩子，并对他做一个全方位的分析。

"拆弹"是一个漫长的过程，我们不能急躁，要慢慢来。 家长是孩子的第一任老师，孩子的成长都是基于家庭氛围和成长环境。自孩子出生以来，他就逐渐习惯了如何与家里人相处，琢磨出了一套属于自己独特的应对之法。这一点会影响他的为人处世、与人交往的各个方面。所以在班级里生活时，他也是运用他从小以来熟悉的处事方式，毕竟他的生活习性便是如此。俗话说，江山易改本性难移。我们和孩子的相处只有短短几年而已，想要改变一个人，这是一个很大的工程，需要有耐心。尽管有的时候，处理他们的事情让我们精疲力竭，充满担忧，但我们也要学会再多一点耐心，对他们不要轻言放弃。

积极寻求学校的心理教师或校外心理教育（咨询）专家的帮助，从而形成有针对性的辅导方案。 对有心理困扰或心理问题的学生，学校的心理老师可以对其进行有效的个别辅导，提供有针对性的心理支持；如果情节较为严重，比如遇到班级里有自杀倾向与伤人风险的孩子，应联合学校心理危机干预小组和学校领导

每天学点心理学：教师心理健康知识手册

共同决议。教师可以帮助孩子协调办理休学等工作，并建议家长参考各地未成年人心理健康辅导中心提出的建议，根据实际情况及时将孩子转介到相关专业心理咨询机构或心理诊治部门进行治疗。教师在其中要做好协同合作、回归保健和后续心理支持等工作。

家校合作，加强家庭教育指导，形成教育合力。如果学生的问题较为严重，经过一段时间的心理咨询后效果还不明显，教师可以考虑把学生的问题放到家庭环境当中去，不要单单对其个人进行预防和干预。首先，教师应该和家长增强双向沟通，平时可以通过家校联系本、电访、家访等不同形式来及时反馈和了解学生在校、在家情况，努力和家长一起找出孩子的问题和症结所在。其次，教师要让家长了解心理健康的重要性，让他们也接触一些教育心理学的知识，了解如何更加科学有效地教育孩子。最后，教师和家长共同出谋划策、设定目标，形成家校教育合力，解决孩子的行为问题。

心理小贴士

反刍思维

反刍思维是指个体在头脑中反复地思考与自身相关的问题和侵入性的想法，却想不出一个解决方案，过分沉溺于消极的思想中，反过来又会强化自己的负面情绪的一种思维方式。换句话说，就是个体不断地回忆和思考负面事件和负面情绪，无法自拔。

反刍思维的主要特点是反复的消极思维，即个体在经历负面事件之后或者面临负面事件时自动反复思虑的思维倾向，包括对当时负面情绪和负面事件的起因、结果和意义的思索。一系列相关研究都证实，反刍思维越多，个体的抑郁情绪越严重、抑郁状态越容易反复。

那么，我们如何减少反刍思维的负面影响呢？

1.想一想自己会有反刍思维的原因。若是因为认知不足而引起反刍思维，可以通过向他人请教交流或实践检验来补充认知。

2.合理分析当前的状况。若经过分析发现可以通过自己的努力去实现目标，则应落实到行动上。

3.调整思维惯性。当你意识到自己进入反刍思维模式时，要立即停止这种无意义的思考，强制自己去做些有益调整情绪的事情。

4.多想想这件事好的方面。与其让负面思维在大脑中停留，不如把它转化成一个正面的想法，即使摆脱不掉，一个正面的想法至少不会让你心力交瘁。

5.安慰自己，别想太多。有句话叫"难得糊涂"，这是应对反刍思维的特效药。

如果上述方法都没能够帮助我们缓解反刍思维，不要气馁，不妨通过专业的心理咨询的方式帮助我们改善状况，走出精神内耗。

25

遭遇家长投诉怎么办？

案例导入

　　某天，张老师接到了班上一位家长的投诉，反映自己的孩子由于不能适应初三年级的学习，作业每天写到晚上12点都写不完，导致孩子睡眠严重不足。随后，他还把张老师在班级微信群里点名批评他的孩子没写完作业的截图上传给了教育局。家长说，老师每天布置的作业实在是太多了，我家孩子动作比其他孩子慢一点，做不完也是情有可原的。更何况小孩子都是有自尊心的，就算他没有按时完成作业，也不能当着大家的面说我家的孩子不好啊！学校必须给我一个说法！张老师很郁闷，你家孩子没按时完成作业，我作为老师，管还是不管呢？张老师的责任心又很强，初三是最关键的一年，因为害怕学生松懈，想让学生都考上心目中理想的高中，所以一直督促学生学习。张老师自认为对待工作从来都是认真负责、积极主动的，可如今非但没有得到家长的感谢，还受到了指责和投诉。张老师有点迷茫和费解，真的是自己做错了吗？

心理解读

在教育过程中，家校沟通是一个重要的环节。良好的家校沟通可以帮助教师更好地了解学生的情况，同时也能让家长更加理解和支持学校的工作。然而，在实际的教育过程中，由于各种原因，家校沟通可能会出现一些问题，导致双方产生误解和矛盾。在这个案例中，张老师作为班主任，对学生的学习和生活负责，他希望通过督促学生完成作业来提高学生的学习成绩，他认为自己在对待学生方面尽心尽责，可家长的反馈却给了他当头一棒，不仅让他产生了自我怀疑，甚至影响了对学生的态度以及后续的教学工作。

张老师出现的迷茫和费解，怀疑真的是自己做错了的原因，可能会经历一系列的情感反应，包括愤怒、委屈、失望和自我怀疑。这些情感反应是正常的人类情绪反应，但在高压环境下，这些情绪可能会被放大，影响他的心理状态和工作表现。张老师在面对家长投诉时感到困惑和迷茫，这反映了他内心的认知失调。一方面，他坚信自己的教学方法是为了学生好，希望通过严格的要求来提高学生的学业成绩；另一方面，他面对家长的指责和投诉，开始质疑自己是否真的做错了。这种认知上的冲突让他感到不安和困惑。同时，张老师的自我效能感受到了挑战，家长的投诉和教育局的关注让他开始怀疑自己的教学能力和方法，这种自我效能感的动摇进一步加剧了他的负面情绪。教师的职业身份和自我价值感很大程度上依赖于他人的认可和尊重，当这种认可缺失时，教师会感到失落和挫败。

 ## 应对之道

面对突如其来的投诉，这个时候教师首先要做的是一定要保持冷静，不要自乱阵脚，更不要轻易怀疑自己，不要生气。对待家长，尤其是对待一些比较容易情绪化的家长，教师不妨试着用下面的步骤来进行处理。

反思自我行为是否得当。随着"五项管理"和"双减"政策的出台，给学生减负已经成为当下的主流趋势。教育部明确规定：严控书面作业总量。学校要确保小学一、二年级不布置书面家庭作业，可在校内安排适当巩固练习；小学其他年级每天书面作业完成时间平均不超过60分钟；初中每天书面作业完成时间平均不超过90分钟。周末、寒暑假、法定节假日也要控制书面作业时间总量。因此，教师必须学习新的文件精神，对标自查，更新教育理念，不要盲目去搞题海战术。

稳定好家长的情绪。当家长决定采取投诉手段解决问题时大多是比较情绪化，且此时家长和老师的关系比较敌对。教师应该让家长冷静下来，保持理智，不要激动。针对投诉事件的发生，教师可以用同理心站在家长的一边，作为家长都是希望自己的孩子健康成长的，理解家长担忧、呵护孩子，想给他们一个快乐的成长环境的心情，从而缓和他们的情绪。

了解投诉内容，精准解决问题。在这一步，教师可以把投诉内容分类讨论。如果是家长言之有理的投诉，教师要以最快的速度了解情况，予以妥善解决。如果是毫无道理的投诉，教师应及时与家长沟通，讲解学校及工作的具体情况，取得家长的理解。如果是因误解而产生的投诉，教师要尽快解释，消除误解。

和家长重建关系。在这一步，教师需要引导家长看到自己的良苦用心，引导家长看到事实真相。大家都是想共同教育好孩子。教师和家长的关系是"战友"而非"对手"，大家可以共同针对孩子的问题因材施教，形成教育合力。至于教育的方式方法，教师和家长可以慢慢商量讨论。在这一步当中，教师要找到和家长共同的利益点，尝试重新和他们建立起相对和谐的关系。

了解家长的真实诉求，认真聆听他们真正的需求，确定共同且一致的教育目标。每位孩子都是不同的个体，拥有不同的追求，每位家长对自家孩子的定位也不尽相同。有的家长希望老师多督促，管严一点，让孩子能够在班上名列前茅。可也有的家长不想太过于逼迫孩子学习，只想让孩子健康快乐成长。所以同一套标准和方法不可能适用所有人。这就需要教师经常和家长沟通，明确教育目标和教育方法，这样才能对学生因材施教，促进学生的身心发展。

心理小贴士

班主任与家长有效沟通的策略

有位教育家曾说过："如果没有整个社会，首先是家庭的高度教育素养，那么不管教师付出多大的努力，都收不到完满的效果。"儿童就像"大理石"，需要经过学校、家庭、集体、书籍等多位"雕塑家"的雕琢，才能成为一个雕像。因此，在教育孩子的过程中，家校沟通是必不可少的一步。班主任如何与家长进行良好、有效的沟通呢？可以采用以下几个策略：

1.构建家校共同体。班主任需要与家长统一目标，与家长有统一的思想认识，达成共识。要多与家长交流，可以利用家长会或家长讲座讲解教师在学校的教育方法，讲解教育原理，让家长与学校保持一致的教育理念。

2.做好观察记录。班主任可以在平时的教学过程中多观察多记录，同时也需要了解其他教师的课堂中学生的表现。例如以照片、文字的形式记录学生的成长，呈现给家长，家长看到孩子的进步；及时表扬学生，提高家长对孩子的信心。同时让家长保持合适的期待，不要给孩子太大压力。

3.沟通讲究策略。对于一些对孩子期望很高的家长，班主任在与其沟通的过程中，需要共情理解家长，在说明孩子的情况时，可以先扬后抑，家长更容易接受。例如可以先讲孩子近期的进步表现，降低家长的防备心，再从孩子的成长角度出发阐述问题，让家长明白解决问题是为孩子好。语言艺术很重要，当班主任与家长建立良好的信任，让家长了解其对孩子的用心之后，把思想和观念传递给家长会比较容易接受。

4.调动家长教育积极性。对于一些对教育不够重视的家长或不知如何教育孩子的家长，班主任可以让他们走进教育。例如奖励积极教育的家长，邀请他们分享管理孩子经验；班主任给学生布置任务的同时还要指导家长下一步如何行动，需要有具体的策略指导和方式建议；及时肯定家长的教育方法和行动，多让其参与到孩子的教育当中，提高其积极性。

26 领导和同事不认可自己的工作怎么办?

今年,汪老师被学校推选为艺术节活动的总负责人,在活动筹备、安排、计划、节目选送、人员培训参赛、时间协调等方面,都需要汪老师组织。为了能在比赛中取得好成绩,在领导面前凸显自己的办事能力,汪老师可谓劳心劳

力。她不仅利用中午的时间拉学生出来培训,临近赛期,还霸占了同学们的"副科"和休息时间。因为参赛的学生涉及各个班的同学,各班班主任和任课老师都意见不小。舞蹈老师也经常被汪老师"折腾",在选舞蹈的时候,简单的舞蹈汪老师看不上,非要跳难度大的舞蹈,说是能够赛出学校的水平,容易获奖。舞蹈老师却想着多一事不如少一事,就是汪老师非要搞出这么多事来,因此对她满腹抱怨。汪老师筹备活动的工作并不算太顺利,所以去找领导报告。领导却说,学生还是要以学习为主,我们重在参与,能获奖最好了,没获奖也没什么关系,不要因为这件事搞得大家伤了和气。汪老师不理解,心想自己既然被选为总负责人,明明很上进,很努力,很想为学校争光,为什么学校的领导和同事却不认可自己的工作,不能给予自己一点点支持,难道自己这么做真的错了吗?

心理解读

在上述案例中,汪老师想获得领导对自己的认可,所以在工作中事事积

极，想着能做出一点成绩让领导和同事刮目相看，想获得领导和同事对自己工作的认同。为什么"获得他人认同"对于汪老师来说非常重要呢？

《心理学原理》一书提出："生命的本质需求，是渴望被看见。"每个人都渴望被认同、渴望被赏识，这是人类深层次的心理需要。他提出了"自我认同"的概念，认为人的经验自我由物质自我、社会自我和精神自我三部分组成。物质自我的核心部分是身体，它还包括身体之外的衣物、家属、财产等东西。社会自我指一个人在别人心目中的形象和评价，即他的名声和荣誉。精神自我是个人内在的或主观的存在，包括个人所有的能力和性格特征，这些均可通过内省觉察到。有心理学家认为，人的社会自我是人最重要的一部分，因为人天生就有一种想要被他人认可和尊重的渴望。

但是并非每次都可以得到他人的认同，就像案例中的汪老师。她忽略了身边的现实条件和与他人协同工作，只是按照自己的想法一意孤行，在做之前没有问问他人的看法，触动了他人的利益，无意中给他人增加了工作量，自然是惹怒了众人。实际上，在生活中还有很多其他的情况可能会得不到领导和同事的认可，面对这些不认可我们该如何应对呢？

应对之道

我们在职场闯荡，不论你是一个新人，还是久经沙场的老手，都是想寻求他人认可，获得职场中的一席之地，如果得不到认可时，或多或少都会因此而焦虑。所以，我们的应对之道就有两条思路：一、如何获得别人的认可？二、如果别人不认可自己该怎么办？

一方面，我们如何获得别人的认可呢？

认真反思。在工作中一定要警惕无效努力。仔细思量一下，我们的工作方向是否与学校的目标和规划一致？如果你根本不知道劲往哪里使，那么十有八九你的努力是白费的。有的时候，我们自认为做了不少工作，但领导和同事却不认可，可能是由于自己工作方式和方法不正确，也可能是自己不了解单位的办事流程和业务范围等，这都会使得自己虽然做了不少工作，但效率却不高或者不适合单位发展的需要。因此，我们要不断地进行反思并逐步做出改变。

加强交流。适当加强与领导和同事之间的沟通交流，多请示、多倾听。就对待领导而言，在以后的工作中多请示、多汇报。在工作中最怕的是只在有结果时反馈，让领导了解每个阶段的进展、待解决的问题和解题思路很重要。其实，很多人会把领导放在自己的对立面，这是不对的。好的向上管理，应该是下级和领导站在一边，荣辱与共。涉及活动是否能顺利完成，是对方所在意的；活动中取得的成果，也是对方希望分享的。在努力工作的同时，我们要使自己的工作符合领导的要求，符合单位发展的需要。就对待同事而言，加强与同事之间的互动交流，多向有经验的同事学习，多倾听其建议，从他们的态度和回答中确定真正的原因，然后再采取对应的方法解决问题。如果其中有误会，能够通过积极沟通的方式去消除是再好不过的。

从"利人利己利社会"的角度去完成自身工作。孔子曾说：己欲立而立人，己欲达而达人。学会将"利己"转化为"利他"，考虑与统筹同事及相关人的利益，让大家明白这件事办成了我们都受益。这样我们在开展工作的过程中，就能获得他人的助力。

自我学习，不断努力。认真查找自身的不足以及与同事之间的差距，并努力做出改变。相信通过自己的努力，领导和同事一定能看到我们的进步，从而认可我们的工作方式。

另一方面，如果别人不认可自己该怎么办？

调整心态。如果别人不认可自己，我们也要摆好心态，客观理性地解决问题。要知道"认可"是来自对方的，我们很难控制对方是不是真的认可我们，也很难左右大家的看法。其实不论他人是否认可我们，我们在工作中都收获了自我成长，我们工作的主体是我们自己。我们可以把能做到的和不能做到的区分开来，在可掌控的范围内向理想中的自己靠近。我们应该在意是否更接近理想中的自己，而非对方如何评价我们。这就需要我们客观地去评价自己的工作，而非他人的三言两语或者接纳与否。在职场中，我们需要具备强大的心理素质，及时调整自我心态，不能把情绪带入工作，即使这种不好的情绪来自职场本身，也要想办法将它屏蔽掉。很多心态不强大的职场新人，在被个别领导和部分同事不认可之后，开始了摆烂心态，认为自己无论工作做得怎么样都不会得到认可。总而言之，即使被领导和同事边缘化导致工作推进困难，也不能轻易放弃执行。

思考一下所处的职场环境。如果在职场环境较为成熟健康的情况下，不被领导和同事认可，我们需要从自身寻找原因。如果是因为自己表现欠佳而被否定，我们要做的是对欠缺的部分进行改进和提升。如果是因为自己某方面的表现太过突出，而让别人觉得有压力，可以通过让别人的利益与自己的利益达成一致的方法去解决问题。

心理小贴士

讨好型人格

　　前面我们知道了每个人都渴望被认同、被赏识，这是人类深层次的心理需要。但是过度地寻求他人的认同，可能会给我们造成心理负担。比如在职场里，总有那么一些人，明明是自己不情愿做的事，却因为想要获得他人认同而表现出有求必应，不会拒绝甚至总是迎合他人。快来自查一下自己是否在不知不觉中形成了"讨好型人格"。

　　具有讨好型人格的人一般具有以下特征。

　　1.总是迎合他人：在社交活动中，具有讨好型人格的人往往对自己不够自信，总是把别人的需求放在第一位，而忽略了自我的情绪，每天都很小心翼翼，太注重别人对自己的看法，也容易受别人情绪的影响。

　　2.害怕说出自己内心的想法：担心自己的想法不被他人接纳，被孤立，更害怕他人的攻击，所以总是把自己的真实想法藏在心里，掩藏自己的情绪，压抑自我需求，而不敢大胆表露出来。

　　3.喜欢主动道歉：在和朋友相处以及工作中，永远是喜欢道歉的那个人。即便自己内心是非常厌烦的，很想和对方说我真的很讨厌这样，但是却没有勇气说出来。具有讨好型人格的人用道歉来避免产生冲突，这就是他们处理事情的主要方式。

　　4.总是不懂得拒绝：具有讨好型人格的人十分在意自己在他人眼中的评价，他们会把别人的评价放在首要位置，因为他们害怕被拒绝，维持良好关系是他们的首要任务。

　　5.没有原则和底线：在人际交往中，具有讨好型人格的人总是忽略自己，所以在交往中他们有时会变得没有原则和底线，一味地讨好他人。而在这种相处模式中，反而无法赢得他人的尊重。

通过上面五点的对照自查，如果你不幸发现自己每一条都中了，那么不妨尝试改变自己的"讨好"行为，重塑良好心态。首先，建立边界意识，忠于自己的原则，学会拒绝，学会说"不"。把自己放在第一位并不意味着自私，只有自己心情舒畅了，生活和工作才能充满正能量。其次，接纳自己，接受这个不完美的世界。你应该明白，自我价值不是由别人的评价决定的，而在于自身的评价。不必时常和别人做比较，接受并且更爱自己，像对待良师益友一样，善待自己。最后，有时间不妨去做一些自己喜欢的事，保证充足的睡眠，保持良好的精神状态。自信的人浑身都在闪闪发光。

27
评不上职称怎么办？

　　姚老师在学校里教书已经20多年了，又到了一年一度评职称的日子，他又踏上了评职称的道路。之所以用"又"这个字，是因为姚老师已经参评很多次了，可每次都会有更厉害的人出现，他总是垫底，末位淘汰。姚老师抱怨道："评职称不看教学资历、教学年限，也不讲家长口碑好坏，关键看是否符合职评条件。人到中年，我走向了行政岗位，既没有一线教学老师取得的那些学术荣誉，也不像班主任一样拥有政策倾斜加分，而我想在退休前评个高级职称。马上又快到评职称的时候了，按照得分计算，有些人可能排在我的前面，眼看还是评不上，看不到希望，心里感觉特别压抑、难受，晚上睡不着觉，也没法集中精力工作，我该怎么办？"

每天学点心理学：教师心理健康知识手册

心理解读

职称评定涉及每一位教师的切身利益，大家都十分关注。现在很多教师都面临着这种尴尬，他们参加教学工作已经二三十年了，有些教师甚至即将退休，但是职称问题还是迟迟没有得到解决。每一年评职称的时候，很多同事之间都竞争激烈。而面对"事与愿违、求而不得"的事实，教师们的心态难免会发生变化。

姚老师在职称评审过程中遇到的困境和压力，是许多教师在职业生涯中都可能面临的问题。从心理学的角度来看，这种长期的挫败感和对未来的不确定性可能导致焦虑和抑郁情绪的产生。姚老师的抱怨反映了他对所在学校职称评审制度的不满和对自身职业发展的担忧。他感到自己的努力没有得到应有的认可，这种感觉可能会影响他的自尊心和自我效能感，甚至开始怀疑自己的能力和价值，这进一步加剧了他的心理压力。在这种情况下，姚老师需要采取积极的措施来应对这些负面情绪。

应对之道

目前，国家已出台相关文件保障职称评审过程。人力资源社会保障部印发了《职称评审管理暂行规定》（以下简称《规定》）。《规定》全文共44条，明确了职称评审管理的主要规定和程序，对职称评审的全过程进行了规范管理。《规定》的出台是国家深化职称制度改革、加强职称评审管理、完善职称政策法规体系的一项重要举措。《规定》指出，职称评审要严格遵循申报、审核、评审、公示、确认等基本程序，各环节应当符合具体程序规定。申报人及工作单位、职称评审委员会及组建单位、办事机构工作人员、评审专家等要按照规定履行相应职责，并承担相应义务，违反规定的要追究相应法律责任。在大的环境背景下，教师可以做好如下几点。

提前做足准备。评选职称前，要提前了解好职称申报的条件和需求。我们可以把学校发布的职称评比条件打印出来，平时就摆在办公桌前。对照评选标准，我们就能按照条目去努力，做到心中有规划。在职称评选的前几年就要开始做准备，有意识地往职称评选条件方面靠近，未雨绸缪，有备无患！

增强个人能力。俗话说，打铁还需自身硬。自己专业素质要过关，是金子总会发光的。在职称评选过程中，对于硬性条件的考核力争全部达到，例如发表论文、科研创新、参赛获奖等。

调整个人心态。把对职称的追求融入教育教学的追求之中。作为一名教师，高级职称要追，但却不能为其所累。我们不妨转换视角，将目光聚焦到自己的教育教学追求上。建议每一位教师，不要把眼睛盯在职称上，不要为了职称去工作，我们要沉下心来安心教学。当我们根据职称评定细则，甚至是超越职称评定标准，全面做好教育教学工作时，你会发现你一直在追求的事情已经悄悄地来到了自己的身边。努力做好本职工作，剩下的就让时间来检验我们的付出吧！

心理小贴士

用心理学解释"躺平"现象

2021年，"躺平"成为网络年度热词之一，并入选《咬文嚼字》公布的"年度十大流行语榜单"。我们对躺平的定义是：无论对方做出什么反应，或者你遇到任何事，内心都毫无波澜，不会有任何反应或者反抗，表示出顺从且无所谓的心理。支持"躺平"的人说，自己忙忙碌碌却得不到应有的回报，让人逐渐找不到前进的方向，还不如"躺平"享受生活。"躺平"的一般表现：不焦虑、不担心、不奢望，没有太多的需求，对生活没有什么想法和目标。在工作中没有上进心，也没有什么目标感，每天就是完成任务即可。

自2021年网络热词"躺平"出现以来，其热度至今未减，逐渐成为一种应对压力的新态度。社会科学领域的学者对"躺平"的起源、发展以及与压力之间的关系进行了较为系统的学理论述，总结出当前国内社会在教育、住房和职场三大领域存在明显的"躺平"现象。"躺平"作为应对挑战性压力的一种方式，可以被视为一种心理防御机制。

根据持续性认知理论，当面对工作中的挑战时，员工会产生两种应对反应：情感反刍和问题解决反刍。情感反刍是一种认知状态，表现为关于工作的侵入性、广泛性、重复发生的想法。这些想法具有消极的情感形式，在情感反刍的情境下，个体会产生消极的情绪体验，从而使得他们处于紧张、厌

每天学点心理学：教师心理健康知识手册

烦的状态。而问题解决反刍则反映个体对一个特定问题的主动持续的心理审视或通过评估先前的工作来看这些工作如何被改进，是目标导向的，包括从新的角度思考问题，找到并移除阻碍，以及发展创造性观点的方法。当个体感知压力为不可抗拒且超出自己的应对范围时，就会产生情感反刍；反之，如果员工认为挑战是可以克服的，并且相信自己有能力解决问题，那么他们更可能采取问题解决反刍的方式来应对。

相比躺平行为，具有主动性人格特征的人往往表现出很强的自主性和主动性，在工作中也会有更多的新想法。主动性人格是个体采取主动行为影响周围环境的一种稳定倾向，体现了个体主动改善所处环境或创造有利新环境的独特调节方式。他们会通过开发新的工作方法来控制和改善自己的工作环境，进而通过自我意识和自发创新来获取新知识并发展新能力，进行建设性的变革，纠正存在的问题，最终实现个人和组织的目标。

面对"躺平"现象的兴起与持续，我们不难发现，这不仅是个体对压力的一种消极应对方式，更是社会环境、教育体系、职场文化等多方面因素交织影响的结果。因此，我们需要从多个层面入手，包括改善教育环境、优化职场生态、提升个人心理素质等，以激发更多人的主动性和创造力，共同构建一个更加健康、积极的社会氛围。

28
课堂满意度不高怎么办？

　　万老师是某校的教务主任，同时也是初一年级5班的数学老师。她专业能力过硬，对待学生也非常严格。期末考评的时候，5班学生的数学成绩比较优秀，但学生对她的课堂满意度却不是很高。大多数时间，万老师抛出一个问题，大家总是不敢说话，死气沉沉的。万老师常说，5班的孩子很乖，可就是不爱和老师互动，有的时候非要我点名才会说几句话。班主任张老师听闻也发现了这点异常，在其他老师的课上同学们都表现得很轻松，可同学们唯独不爱上万老师的课。经过了解，同学们都说万老师很严厉，很怕她，只要没回答出问题就要挨批挨罚，而且万老师上课节奏又比较快，后进的同学完全跟不上，所以每天上课同学们都小心谨慎的。孩子在和家长平常聊天的过程中，也表现出对万老师的害怕和恐惧，表示想要换一个上课轻松愉快的老师。家长也认为这样有过重负担的课堂并不是

每天学点心理学：教师心理健康知识手册

128

一件好事，难免会影响学生的身心健康，于是和万老师沟通。万老师却毫不在意，认为自己的教学方式方法没有问题。她说数学本就是一门严谨的学科，在课堂上精神应该要高度集中，这样学知识才快！可如果万老师一意孤行，没有意识到问题的严重性，在家长的集体呼声下，难免落到被换老师的地步。那么，万老师该怎么办呢？

心理解读

　　课堂满意度就像一面镜子，教师能从这面镜子中找到自己的优点和不足。从万老师的课堂满意度不高来看，我们能感受到万老师的教学方式和课堂氛围存在一些问题。在上述案例中，我们了解到，万老师的课堂气氛是严肃且紧张的。学生在这种紧张严肃的氛围中，不仅害怕回答错问题，而且害怕跟不上节奏，学生对于万老师的态度不是亲近而是害怕、恐惧，课堂中感受到"不安全"。

　　有心理学家认为："成功的教学依赖于一种真诚的理解和信任的师生关系，依赖于一种和谐安全的课堂气氛。"安全感是一种心理感受，是个体对所处情境的心理体验，表现为人们要求获得保护、内心安定、不受威胁、消除恐惧和焦虑的情绪等。而现代课堂的安全感更多是涉及学生的心理发展，课堂中学生常见的感到不安的情况有：因紧张而不能集中注意力于当前的学习内容；害怕回答不出问题或者回答错误，受到批评、轻视、笑话或怀疑而产生影响学习的焦虑情绪；上课时逃避与教师目光接触，课后也避免与教师接触；发言说话时语音变调、表达混乱；不敢承担应有的学习活动和责任；等等。

　　因此，提高课堂满意度的前提，是教师需要为学生构建一个安全的氛围。在过于严厉、紧张的课堂中，学生不太敢表达自己的观点，他们的讨论、思考、表达都在"不安全"的氛围中流于形式，最终狭窄化、趋同化。当表达被压制、思想被限制，课堂效果理所当然会被抑制，课堂满意度自然不高。时间长了，还可能像万老师一样，引起家长和学生的不满。可见，学生的课堂安全感也影响了教师的职业安全感。

应对之道

面对课堂满意度不高的现实状况，教师可以做出哪些积极的改变呢？

重视语言的作用。教师职业是以语言为媒介和学生进行沟通的职业。语言可以体现一个教师的教学风格，传达优质的教学内容，可以拉近教师和学生的距离。在平时的教学中，教师的语言应着重注意不能使用讽刺性的语言，多使用鼓励性的语言。教师应照顾学生的心理年龄，充分了解这个年龄段的学生的心态和对批评意见的接受程度，说得浅不能达到效果，说得深又可能会起到反作用，那么如何把握这个"适中"的评价，就需要教师在实际教学中多摸索。另外，教师也应该注意措辞，要用学生能接受的语言指出其需要改正的地方。

营造安全的课堂氛围，做学生值得信赖的人。在人际交往过程中，人们总是在熟悉的人面前觉得较为安全，而在陌生人面前戒备心较强。学生一旦对教师的信任感增强，教师就像是融入了学生中，那么课堂气氛就像是朋友间的聊天，少了严肃紧张的气氛，少了年龄的代沟。教师应该尽量给学生营造活泼的教学环境，让学生可以在课堂上"放得开"，这样学生的课堂参与度也会较高，如此良性循环，相信教学效果也会显著增强。

改变传统的教学模式，让学生在课堂中动脑、动手、动心。课堂上单一的讲述和问答已经难以吸引学生的注意，紧张的课堂让人思维僵化，我们不妨让学生全身动起来，可以做一做和学科相关的热身暖场游戏，设置与学科相关的比赛活动，让学生轻松进入课堂，如语文课上开展诗词大赛，数学课上模拟生活实际，英语课上唱一唱英文歌曲，等等。

心理小贴士

提高课堂满意度的锦囊小妙招

1.使用视觉设备进行教学。例如教师可以利用幻灯片、图片、道具、示范片、广告画等丰富教学内容。一般来讲，人们的学习主要是通过视觉。如果教师传达的信息既有视觉效果又有听觉效果，当然最好不过了。

2.音乐可以提高教学效果。许多教学效果好的教师总能成功地把音乐与课堂教学组合起来。当学生在做练习时可适当播放一些轻音乐，这样可以使他们保持愉快的心情。我们还可以利用音乐来突出教学的重点，例如有的教师擅长写诗，可以把教学内容写成抒情诗，再配上熟悉的乐曲，帮助学生理解和记忆。

3.名字具有特殊的魔力，学会把学生的名字巧妙地组合在自己的陈述中。对大多数人来说，提到他们的名字的确是他们最喜欢听的声音。

4.类比是种好方法。学会使用恰当的类比，特别是富有幽默感的类比更能引起学生的兴趣。

5.惊喜总是让人愉悦的。突如其来的惊喜可以有效地激发学生的热情和兴趣。有时候，需要制造一点悬念，让悬念随着课堂教学的进展逐步呈现开来。提问题、讲故事、展示道具，都是引起学生兴趣的有效方法。

提升课堂满意度的方法还有很多，最重要的是教师在课堂中充满热情。热情的教师加上有趣的课堂，将感染学生沉浸其中。

教学手段发展太快跟不上怎么办？

案例导入

　　王老师是学校里的老教师了，由于突如其来的疫情影响，全校一度改为线上教学。以往一直习惯一块黑板、一支粉笔教书的王老师没想到有一天她要化身网课直播小白，学习怎么做好PPT，学习怎么开直播，学习怎么借助线上软件督促学生学习。她不禁感叹，教书这么多年，没想到如今的教学手段发展得这么快，自己有点心有余而力不足了。一大把年纪了，还要学习新的教学手段和教学方法。现在想来，要是当时自己好学一点、多学一点，至少现在不会这么茫然无助。她只能虚心去请教年轻的老师，请她们教会自己如何利用新教育手段开展教学。

心理解读

　　在上述案例中，王老师对于一些新的教学手段感到无所适从。面对多变的职场要求，新时代的教师需要具备成长型思维来适应教学方法、教学手段

每天学点心理学：教师心理健康知识手册

的多样化。

何为"成长型思维"？心理学家根据人对自身能力发展的认知，总结出两种思维模式：固定型思维和成长型思维。具有固定型思维的人认为，智力与能力是固定的，无法通过努力获得改变；具有成长型思维的人则认为，通过持续的努力与学习，个人的能力与智力是可以提升的。

成长型思维的核心是：将困难看作是成长的机会，挫折看作是收获的机会；乐于接受挑战，并且积极拓展自己能力的边界；从不相信人有天生缺陷，认为努力便可克服万难。这种信念会影响人们如何面对挑战、如何应对失败以及如何看待他人的成功。具有成长型思维的人能够沉着应对挑战，不怕犯错或难堪，而是专注于成长的过程。成长型思维对教师专业发展有很大的价值，由成长型思维模式主导的教师相信通过持续不断的学习能够改变自己，他们会通过自我观察、判断自身行为、设定目标为"能否学到更多有益的知识"，并在学习与实践的过程中感知自身的局限并调整方向，不断向成功迈进。

具有成长型思维的人和具有固定型思维的人在思维方式和行为上的区别见下表举例。

表3-1　固定型思维和成长型思维的区别

情形	固定型思维模式	成长型思维模式
对待智力的看法	智力是固定不变的	智力是可以提高的
遇到挑战时	避免挑战，以保持自己聪明和能干的形象	迎接挑战，展示出学习和成长的渴望
遇到阻碍时	自我保护或轻易放弃	面对挫折，坚持不懈
对努力的看法	努力投入更多被视为是负面的品质，因为如果你擅长就不需要太努力	投入更多、更加努力是在为通往成功铺垫道路
对批评的看法	往往将负面反馈视为对个人的攻击，忽视有用的负面反馈	批评不是个人攻击，提供重要的反馈是帮助学习和成长的工具
他人成功时	他人的成功被视为威胁，会导致不安全感和受攻击感	他人的成功可以为自己提供灵感和教益

新时代教师如何适应教学手段的快速发展？可以从以下几个方面入手：

培养并具备成长型思维。培养教师的成长型思维，需要扩充教师关于成长型思维知识储备，增加关于脑科学的学习。不仅如此，还需在教师专业发展过程中，调整评价系统，将过程性评价与终结性评价都纳入其中，这更符合成长型思维的构建，帮助教师将专业发展的重点放在学习本身上，这种评价方式能够使教师趋向积极性并鼓励其深入思考，引发教师主体自觉的内在思维转化，唤醒教师的生命意识和积极效能，激励教师专业发展的自主性、自发性、自愿性。

正确看待信息化教学手段的发展。随着信息技术本身的急速发展和更新，教学手段进入了信息化阶段。现代教学手段的每一次变革，都必然根源于技术上的革新。我们要充分肯定信息化教学手段的积极意义，认识它的积极作用。它有助于扩大优质资源的覆盖面，提高教学质量和效率。我们应清醒地认识到信息化教学手段给教学带来的影响，科学运用信息化教学手段优化教学活动，既不能盲目崇拜信息化教学手段，也不能排斥和拒绝使用信息化教学手段。

具备"学习力""思考力""实践力"这三力。

1.学习力。体现教师水平高低的不仅有知识水平，还有教书育人水平。教师提升教书育人水平的途径有很多，如听讲座、参加培训、看相关书籍。但是更应注意向身边的同事学习，听课、交流、写反思是教师学习的有效途径。听课不能简单模仿，关键是要和自身融合进行二次创造。不断提升自身水平，学习是必需的途径。但有时我们会发现需要学习的东西太多，时间不够且内容纷繁杂乱无从下手，所以我们不仅要勤于学习，更要善于学习。不仅需要积极学习和掌握所教学科的前沿知识，还要不断扩大自己的知识面，向学校外的专家、同行学习，向国家或地区的"空中课堂""在线课堂"名师学习。在学习优秀教师讲授方法的同时，也要学习先进的教学手段。新技术、新设备、新的通信方式、新的应用程序不断出现并更新变化，使得现代教学手段更加丰富、灵活，我们应积极学习和掌握现代信息技术和知识。

2.思考力。韩愈说："业精于勤荒于嬉，行成于思毁于随。"可见，"勤于思考"是一种可贵的学习品质。作为教师，勤于思考能让我们树立问题意识，培养创新思维，明确前进目标，进而更快地提升我们自身的专业能力。作为教师，必须熟知所教学科的内容，深入了解所教学生的特点，在向学生传授本学科知识的同时，还需挖掘学科育人的价值，进而培养出具有人文情怀和高尚人格的学生。对班主任而言，重视班级文化建设可以调控班级状态，引导集体前进方向，促进学生成长。班主任可以从班级环境布置到特色活动开展、从小干部的培养到学生个性的发展等方面入手，对班集体进行文化层面的建设。在教育发展的新阶段，家庭、学校、社会应形成教育共同体。家庭教育对于孩子的成长至关重要，家长、教师作为孩子成长过程中的重要他人，只有携手共育才能促进孩子的健康成长。

3.实践力。教师承担着立德树人的重任，是学生成长路上的引路人，其思想境界、行事作风、教学水平直接影响着学生。在日常教学中，备课、写教案、上课、课后反思、教学评价、学生个性化辅导、选修社团任务等，这些"常规动作"都需要花费很大的心力，老教师不例外，青年教师更要注重。"上好每一节课"是一个极具挑战性的要求，每一位教师都应努力去实践。

心理小贴士

"Yes，and"小游戏

这个游戏来源于即兴戏剧，演员们在台上的表演没有剧本、没有排练，完全根据现场观众的建议来进行表演，而"Yes，and"就是即兴戏剧的精髓。我们在日常对话中，常常会不自觉地进入下列模式：

No（拒绝）

No，and（否定了对方的点子）

Yes，but（表面接受，实际反对）

只会提问（把解决问题的责任和压力全部交给对方）

自我否定（拒绝自己）

这种模式往往会给对方和自己带来负能量和挫败感。

"Yes，and"其实是一种成长型的思维模式，Yes代表接纳既有的，and代表增加新的信息和支持，由双方共同创建一个流动的场域。我们可以通过这个游戏练习"Yes，and"，让心、脑都更加开放，接纳自己，接纳他人，进而助力我们由固定型思维到成长型思维的转变。来，我们试着转换思维（成长型思维），"即兴发挥"一把，帮助王老师来一场"Yes，and"对话：

我不确定我的线上教学方法是有效的；

是的（Yes），我接受教授线上课程时可能会发生意外，我相信自己可以应对；

而且（and），我会积极地行动起来，不断学习，虚心请教，寻找可行的解决方案。

30
总担心自己和社会脱节怎么办？

张老师从事教师职业已经10多年了，随着入行时间越来越长，她感叹自己现在已经差不多和社会脱轨了。张老师说，自己每天都忙于上课、教育学生、批改作业、与家长沟通，以及完成单位上布置的任务，一天到晚忙个不停，根本没时间顾及教书育人之外的东西。在张老师看来，自己平时只知道传授学生文化知识，把所有的时间和精力都花在了学生身上，花在了教育教学研究上，所以社交圈子越来越小，人际圈子也很固定，接触的人除了教师就是学生。在个人能力方面，张老师认为自己的工作也没什么压力，当初的那种上进心和事业心也没那么浓厚了，每一年都好像在原地踏步，没什么太大的进步。而她与其他行业的人相处的机会也较少，交流的话题似乎也不同。

心理解读

当一个人在一种环境中适应并且感到安全后，非常容易待在自己的舒适区。作为教师，整天都是局限在自己的小圈子里工作，这个主要与教师的职业性质密切相关。教师的职责是教书育人，为社会培养人才。在这个竞争日趋激烈的社会，很多教师为自己的教学成果耗尽心力，没有太多的时间和精力再去涉及其他领域，逐步与社会脱节。所谓两耳不闻窗外事，一心只"教"圣贤书。如果一位教师只甘于当教书匠，不能融入社会，不了解社会发展趋势与社会潮流，那么他培养出来的学生很可能只会做题考试，不能解决现实问题。理论不能与实践结合，只能是空洞乏味而无用的。

面对社交圈子较窄的现实状况，教师应如何走出自己的舒适区？

做生活的有心人，关注社会发展动向。大多数教师都是师范类专业或者对应学科专业毕业，可以说对商业社会的认知较少。并且，教师年复一年地教授学科知识，每日沉浸在学生的琐事中，也很难做到时时刻刻关注社会发展动向。但是教师要从自身做起，毕竟教师还是在社会中生存，不能关起门来教书，多关注社会时事热点新闻，并将其和自己的课堂内容相结合。教师本来就是将过去的知识交给未来的主人，以前觉得只要把学习方法教给学生就够了，现在发现这还远远不够。世界变化太快，还必须让学生有一个开阔的眼界。仔细观察一下身边很多优秀教师，他们早已不是只会教学生考试的老师了，反而是紧跟世界发展大势的人。

保持学习的热情。社会是不断向前发展的，教师要时刻保持学习的热情来更新自己的知识储备。教师只有始终保持继续学习的热情和能力，把不断更新观念、汲取新知、开阔视野作为适应形势发展和提高自身素质的基础，才能正确把握学校教育发展的方向，使自己的教学工作适应社会发展的需要。

多增加自己与社会接触的机会。尝试着培养自己的爱好，走出校园，结识不同行业上的朋友，增加社会阅历。我们平时完全可以把自己零碎的时间充分利用起来，每天下班后，或者是放假期间，约上三五好友出门走走，感受社会的发展。我们还可以多与教育工作以外的朋友聊聊当下社会出现的新鲜事物，这样你即使没有太多时间和精力去关注社会最新动态，也能第一时间了解社会上发生的事件。

心理小贴士

社交回避及苦恼量表
（Social Avoidance and Distress Scale，SADS）

指导语：请在下面这些表达了您的反应的每个条目的答案上打"√"。注意不要遗漏。

情况描述	选项	
1.即使在不熟悉的社交场合里我仍然感到放松。	是	否
2.我尽量避免迫使我参加交际应酬的情形。	是	否
3.我同陌生人在一起时很容易放松。	是	否
4.我并不特别想去回避他人。	是	否
5.我通常感觉社交场合令人心烦意乱。	是	否
6.在社交场合我通常感觉平静及舒适。	是	否
7.在同异性交谈时，我通常感觉放松。	是	否
8.我尽量避免与别人讲话，除非特别熟。	是	否
9.如果有同新人相会的机会，我会抓住的。	是	否
10.在非正式的聚会上如有异性参加，我通常觉得焦虑和紧张。	是	否
11.我通常与人们在一起时感到焦虑，除非与他们特别熟。	是	否
12.我与一群人在一起时通常感到放松。	是	否
13.我经常想离开人群。	是	否
14.在置身于不认识的人群中时，我通常感到不自在。	是	否
15.在初次遇见某些人时，我通常是放松的。	是	否
16.当被介绍给别人时，我会感到紧张和焦虑。	是	否
17.尽管满房间都是生人，我可能还是会进去的。	是	否
18.我会避免走进去并加入一大群人中间。	是	否
19.当上司想同我谈话时，我很高兴与他谈话。	是	否
20.当与一群人在一起时，我通常感觉忐忑不安。	是	否
21.我喜欢躲开人群。	是	否
22.在晚上或社交聚会上与人们交谈对我不成问题。	是	否
23.在一大群人中间，我极少能感到自在。	是	否
24.我经常想出一些借口以回避社交活动。	是	否
25.我有时充当为人们相互介绍的角色。	是	否
26.我尽量避开正式的社交场合。	是	否
27.我通常参加我所能参加的各种社会交往。不管是什么社交活动，我一般是能去就去。	是	否
28.我发现同他人在一起时放松很容易。	是	否

1. 内容及实施方法

社交回避指回避社会交往的倾向，是一种行为表现；社交苦恼是当事人身处其境时的苦恼感受，是一种情感反应。本量表含有28个条目，其中14个条目用于评价社交回避，14个条目用于评定社交苦恼。作者在建立量表时，非常注重其概念，指出社交回避的反面不是社会参与而是"不回避"，且将主观上的苦恼和行为上的回避均包括在内。

2. 结果分析

本量表分为两个分量表：回避分量表和苦恼分量表。量表评分采用"是/否"的方式，得分范围从0分到28分。

在2，5，8，10，11，13，14，16，18，20，21，23，24和26题回答"是"者得1分，回答"否"者得0分；而在1，3，4，6，7，9，12，15，17，19，22，25，27和28题回答"否"者得1分，回答"是"者得0分。

回避分量表的条目为：2，4，8，9，13，17，18，19，21，22，24，25，26，27，反映被测者回避社会交往的倾向。将分量表的条目得分相加，得分越高，表明社交回避程度越高。

苦恼分量表的条目为：1，3，5，6，7，10，11，12，14，15，16，20，23，28，反映被测者对社交产生的苦恼感受。将分量表的条目得分相加，得分越高，表明苦恼程度越高。

将量表的28个条目得分相加可以计算量表总分，得分越高，表明社交回避和苦恼的程度越高。

第四篇
职业
幸福感篇

职业幸福感是中小学教师心理健康的重要组成部分。作为教师群体，我们肩负着培养下一代的重任。然而，工作的特殊性和压力也常常给教师带来挑战和困惑。教师的职业幸福感不仅对教师个人的心理健康至关重要，也对学校的整体氛围和教育质量产生重要影响。因此，本篇将专注于解读中小学教师的职业幸福感，旨在帮助教师提升工作满意度和幸福感，从而更好地应对教育事业中的各种挑战。让我们一起探索中小学教师职业幸福感的奥秘，共同迈向更加充实、幸福和成功的教育之路吧！

31
提升教师职业幸福感的方法有哪些？

面对教师工作，王老师说出了下面这一番话。

孟子说"君子有三乐"，其中"得天下英才而教育之"是其中之一。在与学生的相处过程中，我确实感受到了一些快乐。但有时候我感觉自己身心俱疲，幸福感不高。首先，工作太辛苦，下班了还要关注学生家庭作业完成情况，要及时与家长沟通孩子的在校情况。其次，还要面对各种检查，都没时间照顾家人了。再次，现在竞争激烈，晋升职称比较困难。最后，长期的育人工作导致自己难免情感耗竭。我也想幸福地工作和生活，可这些问题让我感觉很无力。

心理解读

上述例子能够反映当下部分中小学教师职业幸福感缺失的问题。身体状况不佳、工作任务繁重、未来发展迷茫、家庭关系变差等问题的出现都会影响到教师的职业幸福感。那么，教师职业幸福感是什么呢？

1.什么是职业幸福感

关于教师职业幸福感的定义，学界众说纷纭。有研究将教师职业幸福感分为四个维度，分别为：认知幸福感、主观幸福感、健康幸福感和社会幸福感。认知幸福感是指教师专注于工作和工作中的自我效能感；主观幸福感包含教师的工作满意度、生活满意度以及是否处于积极的情绪状态等；健康幸福感则是指教师的身心症状及其发生频率；社会幸福感更多的是站在关系的角度看待教师，包括同事关系、与领导的关系、师生关系及信任感等。教师的职业幸福感是教师职业发展的重要维度，也是做好教师工作的基础。拥有职业幸福感的教师在教育教学过程中所表现出的积极态度不仅会促进学生的学习和成长，影响一个班级的文化氛围，还会带动一个学校整体向上的氛围，甚至会通过影响学生延展到影响学生的家庭。

2.中小学教师职业幸福感的特点

一些调查研究显示：我国中小学教师的职业幸福感整体较高，但其幸福感受到工作区域、学段、收入、教师发展阶段等各方面因素的影响。中小学教师中仍然存在专业胜任力不足、职业幸福感分化明显、待遇相对不足、社会尊重略显薄弱、需要完成繁杂的非教学任务等问题，无形中影响着教师的职业幸福感。

首先，空间区域不均衡。东北地区的教师职业幸福感较高，东部和中部次之，西部地区的教师职业幸福感最低。

其次，女性教师的职业幸福感高于男性教师。

最后，不同教龄的教师职业幸福感发展呈现"U"型趋势，刚入职的教师职业幸福感较高，入职2年后下滑，工作11～15年后到达最低点，然后缓步上升。

影响教师职业幸福感的因素还有职称、是否担任班主任、工作时长等。尤其是当教师每日工作时长超过8小时，职业幸福感会出现断崖式下滑。而有的调查显示，约40%的教师每日工作时长超过8小时。同时，繁杂的工作任务也容易使教师身心疲劳，产生过重的负担。

中小学教师还出现幸福感发展不均衡的情况，各类幸福感水平存在差异，比如中小学教师健康幸福感水平较低。

　　教师职业是人类历史上最古老的职业之一，也是最伟大、最神圣的职业之一。作为人类灵魂的工程师、人类文明的传承者，教师应该如何收获自己的职业幸福？

　　增强职业认同。增强职业认同有利于提高教师职业幸福感，当我们对教师职业拥有足够多的认同与热爱，会显著增强职业幸福感。教师是神圣而光荣的职业，我们的工作对于社会发展而言有着非常重大的意义。当我们怀揣着"桃李满天下"的愿景去工作时，更能体会到教师职业的幸福感。

　　加强自身修养与能力。当我们在工作中感觉自己没有足够的能力完成某项特定任务时会感到无助，这样不利于自我需要的满足。因此，作为教师，我们应该拓宽知识领域，学习先进教学手段，不断提升自身专业素养，增强工作胜任力。随着工作效能感的提升，我们在工作中能够获得更高的成就感，感觉自身价值得以实现，幸福感也会随之提升。

　　保持良好的健康状态。前文提到，教师的健康幸福感相对较低。由于工作性质，教师咽喉、声带、颈椎、腰椎等部位很容易受到损伤，而身体状况是影响幸福感的重要因素。因此，教师应当积极开展体育锻炼，强健体魄，提升幸福感。同样，心理健康也非常重要，教师可以适当放松，培养自己的兴趣爱好，愉悦身心，及时调整好心理状态。

　　增强与家庭的联结。家庭是每个人获取社会支持的重要来源。对大部分人而言，家是温暖的港湾，家庭成员间的联结对人的幸福感形成至关重要。因此，我们在工作之余也要加强与家人的联系，与家人分享工作与生活中的美好事情，形成良好的家庭氛围。

　　科学管理时间。将事情按轻重缓急进行区分，尽量在上班时间完成工作，下班时间留给自己。如果有些工作在上班时无法全部完成，也可以在下班时集中某一时间段处理，将其他时间用于生活。例如：检查课后作业完成情况等，可以在晚上9点集中进行。

心理小贴士

"走神"影响幸福感

影响幸福感的因素有很多，比如受教育程度、收入水平、性别、婚姻状况等，但到底什么才能持续影响幸福感呢？心理学家做了一个实验，发现了"走神"和幸福感的关系。

为了开展这项研究，研究人员开发了一个名为Track Your Happiness（幸福追踪）的智能手机应用程序。该应用程序以随机时间点的方式向参与者发送问卷，让参与者实时报告他们的情绪状态和注意力所在，要求他们回答几个问题，包括他们当前的情绪如何，他们是否在思维上偏离了当前的任务或环境，以及他们是否正在进行某种活动，等等。

研究结果表明，人们的"走神"现象与幸福感之间存在明显的关联。具体而言，当人们的思维偏离当前任务或环境、处于漫游状态时，他们更容易感到不快乐，并且不论他们所从事的活动是什么，这种消极效果都依然存在。这意味着即使人们在进行一些本身有趣或愉悦的活动，"走神"也可能降低幸福感。

此外，研究还发现，"走神"对幸福感的影响不仅仅是一个简单的相关，"走神"和幸福感之间还存在一种双向关系："走神"降低了幸福感，而幸福感低下则更容易导致"走神"。这意味着将注意力集中在当前任务或环境上可能有助于提高幸福感。

这项研究揭示了"走神"对幸福感的负面影响，并强调了注意力集中对于提升幸福感的重要性。所以，你知道该怎么做了吗？

32
怎样在工作中拥有积极的情绪？

案例导入

张老师说道:"我是一名在教师岗位上才工作2年的新教师,最近学校安排我当班主任。这个班学生的学习水平整体偏低,我花了很多时间在教学和班级管理上,但是学生的进步却并不明显。而且最近学校一直面临考核,我用办公软件比较熟练,所以这部分

工作领导也安排我去做,我想要拒绝,但是又怕影响和领导以及同事之间的关系,这让我感到十分焦虑。再加上我的课题马上也要结题了,很多成果资料都需要准备,导致各类事务都堆积在了一起,工作特别多。我现在感觉自己都有点抑郁了,不知道这样的状态什么时候才是个头。"

心理解读

在上述案例中,这位教师在工作中遇到了一些挫折,产生了抑郁、焦虑等不良情绪。

由于教师职业是一种特殊的职业,教师具有多重角色,如知识的传授者、学生的引领者、家长的协助者、教育科学研究者等。处于多重角色中,意味着教师的工作也是丰富多彩的,但如果工作量巨大,那么丰富多彩的工作可能就会变为繁杂的任务。任务过于繁杂会使个体产生许多消极情绪,如焦虑、抑郁、焦躁、易怒等,从而影响我们对工作的看法,引发许多不良后果。

每天学点心理学：教师心理健康知识手册

1.积极情绪对教师有哪些重要影响

情绪具有组织功能，它对其他心理活动具有组织作用。因此，情绪正向积极对于教师来说非常重要，我们许多工作成功与否、效率高低都受到自身情绪的影响。具体而言，教师的积极情绪具有下列重要意义。

提高心理适应性。情绪对心理适应性具有非常重要的影响，而心理适应性能够帮助教师适应各种变化的环境，在新环境中仍然能够很好地解决问题。

促进身心健康。情绪不良有时会导致心理问题的发生，长期处于负面情绪中可能使人产生情绪障碍，甚至出现头痛、失眠、饮食障碍等躯体化症状。因此，良好的情绪有利于教师保持身心健康。

提升工作效率。积极情绪能够拓宽人的视野，增强创造力，同时也能提高思维灵活性及积极应对挫折的能力，而这些能力对于提高工作效率具有积极的促进作用。

形成良好的人际关系。人与人之间会相互影响，如果一个人情绪积极稳定，会增加他人与之交往的意愿。当学生、家长、同事能够感受到教师的乐观积极，则会对其产生尊重与信任。

有利于学生的学习与心理健康。学生具有向师性，试想一下，如果一位教师常年情绪不稳定，学生还会开心、积极地学习吗?

2.教师的消极情绪从何而来

一般来说，消极情绪的产生与以下几个因素有关。

工作量过大导致内耗。情绪内耗是引起消极情绪的原因之一。繁杂的任务会让个体产生较大负担，让人产生愤怒、抱怨等消极情绪。同时，教师职业中有部分工作是脑力劳动，也有部分工作是情绪劳动，需要消耗个体的情绪。例如，教师在家长提出不合理要求时也要耐着性子做出回应。

工作关系不融洽。教师在工作中主要接触学生、家长、领导、同事，与这些人群的关系很大程度上会影响教师的情绪。首先便是学生，所教学生的学业水平下滑、课堂内外表现不佳等情况均可能导致教师产生不良情绪;其次，与家长沟通有障碍也是诱发教师不良情绪的重要因素;再次，当领导过于专制、管理不够人性化时，下属容易产生消极情绪;最后，与同事关系不融洽、过度竞争也容易使教师情绪低落。

工作效能感低或胜任力不足。效能感是指个体对自己是否有能力完成某一行为所进行的推测与判断。如果一个人认为自己不能完成工作中的各种任务或客观上无法完成任务，那么可能会产生无助感，导致消极自我评价、价值感低，从而诱发不良情绪。

家庭关系不和谐。工作时间过长，难以兼顾工作和家庭，导致孩子、配偶、父母等亲人的疏离，比较典型的现象是身为教师却忽略了对自己孩子的教育。家庭是一个人最重要的社会支持来源之一，如果不能很好地经营家庭关系，个体很容易陷入消极情绪中。

应对之道

积极情绪对于教师来说具有非常重要的意义，教师需要有意识地调整自身的情绪，形成积极的情绪。

学会合理宣泄情绪。很多人将消极情绪比喻成气球，当遇到不如意的事情时，就是吹气的过程。如果我们没有掌握宣泄情绪的方法，气球就会越来越大，终有一天它会爆炸。因此，宣泄消极情绪很重要。常见的情绪宣泄方式有大哭一场、向他人倾诉、适当运动、放声歌唱、写日记等，不同方法对于每个人的效果也不同，需要自己尝试寻找最适合自己的方法。值得注意的是，情绪宣泄应该合理、适当，不能采用极端的宣泄方式。

改变看待问题的视角。根据情绪ABC理论，事件不会直接引发情绪，对事件的认知在此过程中起调节作用，对事件的看法不同，产生的情绪也不同。当我们在工作中犯错时，如果对事件的认知是"我怎么这么没用，这点小事都做不好"，那么便会产生抑郁、焦虑等消极情绪。但如果我们将其理解为"我在失败中学到了很多，下次再遇到类似情况就知道如何处理了"，则会产生积极情绪。

积极转移情绪。首先，我们可以选择远离让我们产生消极情绪的环境，周末、寒暑假可以去旅游、度假，视野开阔的自然景观会让人身心愉悦。其次，我们可以想想其他开心的事，哪怕是一些小事，例如今天的天气真好，让人觉得很舒服。最后，当沉浸在负面事件时，我们也可以用"数颜色法"将思绪拉回现实，即环顾四周的景物，然后在心中自言自语，那是白色的车子、红色的花朵、绿色

每天学点心理学：教师心理健康知识手册

的树叶、蓝色的天空……一直数到12种颜色，大约花30秒时间，专注地去辨认周围景物的颜色。

采用食物疗法。饮食与情绪也息息相关。比如黑巧克力可以增加血液中的抗氧化成分类黄酮，有助于促进大脑一些重要区域的血流速度，迅速改善情绪；香蕉中含有钾，能够缓解紧张与疲惫；牛奶钙含量丰富，是神经的稳定剂，还有一种减缓压力的蛋白质——酪蛋白水解物，具有镇静作用；红茶有降低机体应激激素分泌水平的功效，每天适量饮用红茶，有利于舒缓神经，同时还有提神、消除疲劳的作用。当然，因人而异，每个人要根据自身的实际情况合理饮食。

心理小贴士

正性负性情绪量表
（Positive Affect and Negative Affect Scale，PANAS）

指导语：这是一个由20个描述不同情感、情绪的词语组成的量表，请您阅读每一个词语并根据您近1~2星期的实际情况，在每一个形容词后面相应的答案上画圈。每一个形容词后有5个选择答案：几乎没有、比较少、中等程度、比较多和极其多。

序号	词	几乎没有	比较少	中等程度	比较多	极其多
1	感兴趣的	1	2	3	4	5
2	心烦的	1	2	3	4	5
3	精神活力高的	1	2	3	4	5
4	心神不宁的	1	2	3	4	5
5	劲头足的	1	2	3	4	5
6	内疚的	1	2	3	4	5
7	恐惧的	1	2	3	4	5
8	敌意的	1	2	3	4	5
9	热情的	1	2	3	4	5
10	自豪的	1	2	3	4	5

序号	词	几乎没有	比较少	中等程度	比较多	极其多
11	易怒的	1	2	3	4	5
12	警觉性高的	1	2	3	4	5
13	害羞的	1	2	3	4	5
14	备受鼓舞的	1	2	3	4	5
15	紧张的	1	2	3	4	5
16	意志坚定的	1	2	3	4	5
17	注意集中的	1	2	3	4	5
18	坐立不安的	1	2	3	4	5
19	有活力的	1	2	3	4	5
20	害怕的	1	2	3	4	5

结果分析

问卷分为正性情绪和负性情绪两部分，将第1，3，5，9，10，12，14，16，17，19题得分相加得到正性情绪分，正性情绪分高表示个体精力旺盛、能全神贯注和拥有快乐的情绪状况，而分数低表明淡漠；将第2，4，6，7，8，11，13，15，18，20题得分相加得到负性情绪分，负性情绪分高表示个体主观感觉困惑、痛苦，而分数低表示镇定。

33

如何提升自己的工作满意度？

刘老师说道："最近，我对自己的工作产生了抵触情绪。刚入职时，我对教师工作有着无限的遐想，因为从小就热爱教师职业，从来没有想过自己有一天会对自己的工作感到不满意。一方面，我发现教师的工作不仅仅是教书育人，还要处理与领导、家长和学生的关系，准备各种非教学性事务  的材料，同时还面临着晋升的压力。另一方面，我感觉教师的工资没有达到自己的预期，心里产生了一丝落差。教师工作情况和我想象中的工作情况有点不一样，我对现状不满意，该怎么办？"

心理解读

在上述案例中，由于工作压力和工作收入与曾经预想的有所偏差，刘老师的工作满意度较低，从而影响其对教师职业的感受。

1.教师工作满意度的特点

教师工作满意度是教师对教育工作及其工作条件、状况、回报的一种总体的、情绪性的感受。教师这一职业自古以来就受人尊敬。但随着社会的发展、教育的改革，教师这一职业似乎并没有曾经那样纯粹，社会地位、收入、非教学性事务等都影响着教师对于自己工作的满意度。而工作满意度对幸福感有着非常重要的影响。

综合现有研究，我们发现教师工作满意度呈现以下特点：中小学教师的工作满意度整体状况良好；中小学教师对工作强度、工资收入方面满意度较低，而在自我实现方面满意度较高；工作满意度个体差异较大，不同特点的教师工作满意度也不尽相同。

2.影响教师的工作满意度的因素

领导因素。许多研究表明，学校领导管理方式、对下属的体恤行为、领导风格均会影响教师的工作满意度。

社会参照因素。人有时会有"攀比"的心理，常常以他人为参照，作为对现状是否满意的依据。当周围人收入、社会地位均高于自己时，我们则会产生对自己工作的消极评价，从而影响工作满意度。

工作压力。当面临学生升学率压力、工作时间过长、任务较为繁重等情况时，教师的工作满意度也很容易下降。

个人因素。有研究发现，主科教师、毕业班教师、低收入教师的工作满意度较低。此外，任教年限与工作满意度的关系呈现"U"型曲线关系，新教师工作满意度较高，随着任教时间增加，满意度逐渐下降，到达一定时间后满意度又逐渐回升。任教地点、职称、学历等也可能会影响教师的工作满意度。

同时，我们的职业价值观、职业认同感越积极，工作满意度也越高。

应对之道

在工作中，教师可以采取哪些方法提升工作满意度？

强化自身教育信念，发现职业之美。在工作中，教师的服务对象是学生，一个备受学生喜欢和爱戴的老师是能感受到职业幸福感的。当教师拥有较强的教育信念时，便能够发现职业之美，而非仅仅关注自己的工作绩效与收入。教师可以在工作中多关注学生好的变化，关注工作中美好的事物，强化教育信念。

积极适应环境，提升教育能力。当下教育环境变化很快，社会对教师提出了更高的要求。部分教师工作满意度不高很大程度上是因为自身能力无法适应环境的要求。这时，我们应该秉持终身学习的态度，不断提升自身素养，增强专业理论知识与教育实践能力。当专业能力提升以后，我们对环境的适应能力也会增强。

加强与同事之间的合作交流。良好的人际关系能够有效提升工作满意度。积极与同事开展交流合作，营造良好的教育氛围是提升工作满意度的重要途径。同时，我们在合作交流中也能提升自己的工作能力，获得重要的社会支持。

合理提出自身诉求。我们常常会因为领导的行事风格、工作安排、工作压力影响自身对工作的满意度。这时，我们需要关注自身需求，并合理提出建议。例如：当对工作安排不满意时，我们可以尝试提出另一套解决方案，这样既不耽误工作，也满足了自己的需求。

心理小贴士

明尼苏达满意度短式量表
（Minnesota Satisfaction Questionnaire，MSQ）

明尼苏达满意度量表是使用较多的工作满意度量表，有着很好的信效度，我们可以通过测验了解自己对于现在的工作是否满意。明尼苏达满意度量表分为长式量表（21个分量表）和短式量表（3个分量表）。这里我们采用的是短式量表。

指导语：下面您能看到一些关于您目前工作的陈述，仔细阅读这些陈述，确定您对句子中这些关于工作的描述的满意程度，并在最符合的选项上打"√"。

非常满意：我对工作中的这些方面非常满意。

满意：我对工作中的某一方面满意。

不确定：表示我不能决定满意还是不满意。

不满意：表示我对工作中的某一方面不满意。

非常不满意：指我对工作中的这些方面非常不满意。

题项	非常满意	满意	不确定	不满意	非常不满意
1.能够一直保持忙碌的状态。	5	4	3	2	1
2.独立工作的机会。	5	4	3	2	1

（续表）

题项	非常满意	满意	不确定	不满意	非常不满意
3.时不时地能有做一些不同事情的机会。	5	4	3	2	1
4.在团体中成为重要角色的机会。	5	4	3	2	1
5.我的老板对待下属的方式。	5	4	3	2	1
6.我的上司做决策的能力。	5	4	3	2	1
7.能够做一些不违背我良心的事情。	5	4	3	2	1
8.我的工作的稳定性。	5	4	3	2	1
9.能够为其他人做些事情的机会。	5	4	3	2	1
10.告诉他人该做些什么的机会。	5	4	3	2	1
11.能够充分发挥我能力的机会。	5	4	3	2	1
12.公司政策实施的机会。	5	4	3	2	1
13.我的收入与我的工作量。	5	4	3	2	1
14.职位晋升的机会。	5	4	3	2	1
15.能自己做出判断的自由。	5	4	3	2	1
16.自主决定如何完成工作的机会。	5	4	3	2	1
17.工作条件。	5	4	3	2	1
18.同事之间的相处方式。	5	4	3	2	1
19.工作表现出色时，所获得的奖励。	5	4	3	2	1
20.我能够从工作中获得的成就感。	5	4	3	2	1

1.内容及实施方法

短式量表包括内在满意度、外在满意度和一般满意度3个分量表。题目1~20，构成一般满意度分量表，测量员工对工作的总体满意程度。其中，题目1，2，3，4，7，8，9，10，11，15，16和20，构成内在满意度分量表，测量员工对工作内容本身有关因素的满意程度。题目5，6，12，13，14和19，构成外在满意度分量表，测量员工对目前工作报酬、奖励、晋升及单位政策实施方式、领导方式等外在要素的满意程度。

2.结果分析

明尼苏达短式量表采用李克特5级评分法，得分越高，代表员工的工作满意度越高。1代表"非常不满意"，5代表"非常满意"。各分量表的得分为该分量表的所有题目得分相加之和除以其题目数。得分越高，表示满意度越高；得分越低，表示满意度越低。

每天学点心理学：教师心理健康知识手册

34 工作久了，如何避免职业倦怠？

　　王老师从事中小学教师工作已有20年了，近年来，她愈发觉得自己的工作状态不对劲。对待工作，她开始缺乏激情、消极敷衍，同时也变得安于现状、不思进取。在工作中，她也体会不到曾经的那些成就感，再也没有年轻时的那种活力与激情。对待学生，她也不像曾经那样认真负责，将每天的工作看成是完成任务，对学生放任自流，不评职称，下班后直接"失联"，变成了年轻时自己最看不起的样子。

　　王老师说："我最近总是因为自己的状态而苦恼，感觉自己有愧于'人类灵魂的工程师'这一称号，我也不想这样，但是几年前我已经评上中级职称了，高级职称则遥遥无期，没有了发展方向，一直进行着重复的工作，感觉工作不再是实现人生价值的方式，更多的只是养家糊口的任务。"

王老师在工作中的情绪和情感处于一种疲劳状态，出现丧失工作激情，以一种消极、否认、麻木的态度对待教学任务，对自己产生负面评价等情况，是典型的职业倦怠的表现。

1.职业倦怠的定义与表现

职业倦怠或工作倦怠是指伴随着长期的压力体验而产生的情感、态度和行为的衰竭状态。其主要表现有三类，分别为：

情绪衰竭。对工作丧失热情，情绪烦躁、易怒，感到自己处于一种疲劳的状态。

去个性化。工作态度消极，对工作接触的对象不耐烦，如教师厌倦教书、无故体罚学生，医护人员对病人态度恶劣，等等。

低个人成就感。消极地评价自己，对自己工作的意义和价值评价下降，感受不到工作的意义。

教师出现职业倦怠会导致许多不良后果，如影响教学效果和教育质量、增加离职倾向、降低工作积极性，同时还会影响到教师的身心健康。

2.教师职业倦怠的特点

王老师遭遇的问题也是中小学教师职业中的一种普遍现象，职业倦怠会对教师产生许多负面影响。身处不同阶段、不同职务的教师，其职业倦怠的程度、特点也各不相同。有研究显示：与十年前相比，我国中小学教师更加疲倦、焦躁，但个人成就感也相应地提高了。一方面，社会对教师寄予了更高的期望，使得教师更加疲倦；另一方面，工作给教师带来压力的同时，也使教师拥有了更高的成就感。

在不同群体的差异方面，女性、已婚、长教龄、小学教师、城市教师在情绪衰竭方面更加严重，工作热情衰退，情绪烦躁、易怒。而男性、未婚、短教龄、中学教师、农村教师则在去个性化、低个人成就感方面更加严重，对学生更加不耐烦，自我评价更低。而班主任教师则在情绪衰竭、去个性化方面更加严重，但其个人成就感也更高。

3.教师职业倦怠的成因

那么，职业倦怠是如何形成的呢？它的成因有哪些？全面地看，教师的职业倦怠受到社会、学校、教师个人及学生等多方面因素的影响。

社会层面。社会寄予教师的厚望、教师职业社会地位相对不显、教师整体收入水平相对不高等因素，均会对教师的职业倦怠产生影响。

学校层面。学校的组织气氛也对教师心理产生重要影响。若是学校领导经常安排教师进行过多的非教学性工作、增加教师的工作负担，很容易导致教师情绪低落；如果学校管理层无法真正倾听、接纳教师意见，缺少对教师的关怀与尊重，则很容易导致教师的去个性化，对学生不耐烦；如果学校内部存在许多小团体，彼此之间很少开展交流合作，会使教师职业技能很难提高，容易导致工作效能感、成就感低。

教师个人层面。教师人格中的低自尊、情绪不稳定、易焦虑、外归因等特点容易使教师出现职业倦怠。同时，教师如果不能很好地协调工作与家庭、上班与休息的关系也容易产生职业倦怠。自我期望过高、工作胜任力不足也是教师出现职业倦怠的因素之一。

学生层面。学生的纪律问题也是影响中小学教师工作倦怠的一个重要因素。一般来说，教师都想在工作中获得学生的认可和肯定，但如果学生的纪律问题过多，常使教师感到自己无法正确引导学生，自我效能感降低，倦怠就会很容易产生。

应对之道

以上我们已经了解了职业倦怠的表现、特点以及成因，那么，中小学教师应当如何应对可能发生或已经发生了的职业倦怠呢？

享受应有的赞誉。一位教师说："如果学生成绩不好，外界会将责任推给老师，而学生成绩优秀时，则会将原因归为学生自身努力。"教师接受积极的反馈，对于预防职业倦怠非常必要。因此，作为教师，我们应该享受应有的赞誉，即使在外界并没有获得称赞，我们也要自己赞赏自己。

正确对待挫折，努力提升自己。职业倦怠形成的一个非常重要的原因便是胜任力不足。教师既是知识的传授者，也应该是知识的学习者。当我们在工作中遭遇挫折，感觉力不从心时，更加应该积极应对，努力提升工作能力，而不是自我否定、自我怀疑。我们应该试着将"我怎么这么没用"的想法转变为"这次挫折可以让我变得更加优秀"。

寻求工作与家庭的平衡。有些教师由于各种任务过于繁重，影响到了家庭生活，而家庭恰恰是大部分人获取社会支持的源泉。失去了家庭的支持，教师在面临困难时会感到孤独和无助。因此，我们需要留出一部分时间经营好自己的家庭，建立良好的家庭关系，良好的家庭关系能使我们拥有更加积极的工作状态。

学习自我调节。在相同的环境下，一些人出现了职业倦怠，而另一部分人却并没有发生。除了自身人格不同外，一个很重要的原因便是自我调节方面的差异。在工作之余，我们可以选择一些适合自己的调节方法，如合理饮食、适当运动、与合适的人倾诉、做自己感兴趣的事。当情况比较严重、自身无法调节时，我们也可寻求专业的心理帮助。

心理小贴士

马斯拉奇职业倦怠量表（通用版）
（Maslach Burnout Inventory-General Survey，MBI-GS）

指导语：以下调查项目是有关您在工作中的倦怠感，请在相应的数字上打"√"，如果您从来没有这样的感受，请在该题目右端选择"0"，如果曾有这样的感受，请您选择相应最能够描述您的感受程度的数字（从1到6）。

注意：0=从不；1=极少（一年几次或更少）；2=偶尔（一个月一次或更少）；3=经常（一个月几次）；4=频繁（每周一次）；5=非常频繁（每周几次）；6=每天。

题项	从不	极少	偶尔	经常	频繁	非常频繁	每天
1.工作让我感觉身心俱疲。	0	1	2	3	4	5	6
2.下班的时候我感觉精疲力竭。	0	1	2	3	4	5	6
3.早晨起床不得不去面对一天的工作时，我感觉非常累。	0	1	2	3	4	5	6
4.整天工作对我来说确实压力很大。	0	1	2	3	4	5	6

每天学点心理学：教师心理健康知识手册

题项	从不	极少	偶尔	经常	频繁	非常频繁	每天
5. 工作让我有快要崩溃的感觉。	0	1	2	3	4	5	6
6. 自从开始干这份工作，我对工作越来越不感兴趣。	0	1	2	3	4	5	6
7. 我对工作不像以前那样热心了。	0	1	2	3	4	5	6
8. 我怀疑自己所做的工作的意义。	0	1	2	3	4	5	6
9. 我对自己所做的工作是否有贡献越来越不关心。	0	1	2	3	4	5	6
10. 我能有效地解决我工作中出现的问题。	0	1	2	3	4	5	6
11. 我觉得我在为单位作有用的贡献。	0	1	2	3	4	5	6
12. 在我看来，我擅长于自己的工作。	0	1	2	3	4	5	6
13. 当完成工作上的一些事情时，我感到非常高兴。	0	1	2	3	4	5	6
14. 我完成了很多有价值的工作。	0	1	2	3	4	5	6
15. 我自信自己能有效地完成各项工作。	0	1	2	3	4	5	6

1. 内容及实施方法

该量表包括三个维度：情绪衰竭、玩世不恭和成就感低落。情绪衰竭维度包括5道题，即1~5题；玩世不恭维度包括4道题，即6~9题；成就感低落维度包括6道题，即10~15题，整个问卷共15道题。采用李克特7级计分法。

2. 结果分析

得分为本维度所有项目得分的平均数，在情绪衰竭和玩世不恭方面，得分越高，倦怠程度越强，得分越低，倦怠程度越弱；在成就感方面，得分越高，倦怠程度越弱，得分越低，倦怠程度越强。

35
退休教师如何享受退休生活？

张老师说："我还有半年就退休了，但是却已经得了几年的'退休恐惧症'。我害怕退休，感觉无所适从。别人都劝我放宽心准备好好享受退休生活，可是我却不知道如何去享受。我对吃喝玩乐不感兴趣，可是不吃喝玩乐我又能做什么呢？我也想过要发挥自己的余热，但是却找不到能够让自己有获得感的途径。我退休后到底应该怎么办？"

吴老师说："在教师岗位上工作近40年后，我在今年终于退休了，但退休后的生活却并没有我预期的那样幸福。我跟着儿子在大城市生活，但自己却并不习惯大城市的生活。以前的老朋友要不已经去别的大城市定居，要不就帮着自己的子女带小孩，很少和他们再联系。所以最近这段时间，我过得很抑郁，不知道到底应该怎样享受退休生活。"

心理解读

在上述案例中，退休这一"人生大事"对两名教师的心理产生了一定的影响。她们对退休后的生活感到迷茫，不知道如何过好接下来的人生。退休是一种职业发展状态，意味着退出曾经的工作岗位。然而，这并不意味着"老而无为"。西塞罗曾问道："难道没有适合老年人的事业，没有不需要强壮的身体而需要心灵和智慧的事业？"教师工作恰恰是这样一种事业。

2023年，教育部等十部门联合印发了《国家银龄教师行动计划》，强调要挖掘退休教师资源优势，发挥其有益补充、示范引领和传帮带作用，助力青年教师和青少年学生发展成长。因此，对教师而言，退休既是曾经工作的圆满结束，也是生命再次发展的机会。

人口老龄化是全球性的社会进程，老年人的生活质量和幸福感也引起社会各界的广泛关注。退休能够使人周围的生活环境发生一定程度的变化，从而影响人的心理。现有研究关于退休对个体身心健康的影响存在一定争议，有的研究认为退休对个体身心健康有损害，而有的研究则认为退休对个体身心健康具有促进作用。

1.退休如何影响个体的心理

一般来说，退休对于个体心理的影响主要来源于三方面。

个人社交网络变化。一些研究认为，退休会使我们与社会接触的机会减少，我们在工作中形成的社交网络有利于自身保持愉悦情绪，而退休带来的社交活动减少对个体情绪产生负面影响。部分老人如果合作和共享行为减少，其幸福感也将受到影响。如果经济条件允许，老人再次以其他形式融入社会，重新展现自我价值则会增强其心理满足感，促进心理健康。

健康行为发生变化。退休后，部分群体由于空闲时间增多，会进行更多的体育锻炼活动。但也有一部分群体因各种原因，在退休后反而选择减少运动。同时，退休可能会影响我们饮酒、吸烟的行为。一部分人在退休后选择降低饮酒、吸烟的频率，但部分人可能由于空闲时间的增加而提高这些行为的频率。

个体认知的变化。有研究认为，退休使部分退休者对生活的满意程度增加了，尤其在脑力劳动者中表现较为明显。但也有研究认为，退休对个体认知能力是一个负向冲击，但负面影响往往体现在体力劳动者身上。同时，退休也可能会使个体自我实现感、人生价值感发生一定程度的变化。

2.退休对于教师心理的影响

教师在退休后，从工作和生活环境发生一系列转折，到逐渐向老年过渡与适应，在此过程中可能会产生一些心理活动。首先，部分教师从繁忙的工作岗位停顿下来，生活由动到静，可能会感到失落、空虚、烦躁和情绪不宁；其次，对亲情与交往的需求增加，退休教师更加期待晚辈的关心和与老友的相聚；再次，教师工作不但需要过人的学识，也需要强健的身体，部分教师在繁忙的教学工作中产生咽喉炎、肩周炎、颈椎病等身体问题，因此，退休教师更加关注自身身体健康；最后，部分教师对曾经废寝忘食的工作感到自豪的同时，也留恋曾经的岁月，产生怀旧心理，产生很强的再就业意愿。

应对之道

那么，教师在退休之后可以采取哪些有效方式提高生活幸福指数？

适度进行体育锻炼。适度进行体育锻炼能够增强个人体质，降低冠心病、糖尿病、高血压等疾病的发病率，缓解焦虑感，同时身体状况良好也能够增强个体的自信。因此，适度的体育锻炼是帮助我们度过退休综合征的重要途径之一。

进行深度休闲。退休后，空闲时间明显增多，退休人员如果能够参与深度休闲，可以有效提高个体的幸福感。例如我们可以培养一些自己的兴趣爱好，参加社区组织的志愿活动等。同时，旅游度假也是一项非常好的休闲活动，在开阔的自然环境中，人的情绪会变得更加积极。

继续发挥自身价值。退休后，我们仍然能够为社会发挥重要作用。教师是受教育程度相对较高的群体，在退休后，我们的晶体智力仍然处于较高水平，完全可以继续实现自身的人生价值。例如在老年大学、少年文化宫等场所继续传授自身知识与技能，或者将自己的人生经验与技能传授给孩子，这有助于我们提升人生价值感。

加强人际交往。前文提到，退休后我们脱离了工作环境，人际交往减少。这时，我们完全可以加强或重建人际交往，例如约见一些多年不见的老友、加强与子女的联系，适度的人际交往活动，能够让我们获得社会支持，促进心理健康。

心理小贴士

影片推荐：《一切如你》

在《一切如你》这部电影中，四个年轻人站在他们的视角讲述了十个与老人有关的小故事，反映了当下中国养老生活的方方面面，有笑有泪，有喜有忧。

在这十个故事里，有着不同的子女与老人的情感牵绊。其中既有"子欲养而亲不待"的催泪忏悔，也有"我陪你慢慢变老"的隽永表达；既有老人要骑车环游全国的励志故事，也有"老顽童"每天忙着攀岩和医美的乐天刻画；既有对待犯错的老人要如同对待孩子般耐心的温情引导，也有提示年轻人要更多与祖辈分享生活的真挚提醒。其中《出发吧，单车》讲述了一位老人买了一辆破自行车想环游世界，儿子为了哄老人开心，买了一个自行车健身器在家，并告诉老人一边看电视一边骑车，电视上播到什么地方，你就当自己去了什么地方。可老人并没有听从儿子的意见，而是将健身器送人，修好破自行车，找到自己年轻时的衣服，踏上了旅行的征程。

影片中的老人有着各不相同的生活方式，这与很多原因有关，但通常来说与家庭保持良好关系、热爱生活是老年人生活幸福的关键。相信通过这部影片，你会对退休后的生活有着更深的体会，退休后的生活也可以多姿多彩！

36
如何提高工作自主性？

下面的表述是一些教师在工作中遭遇的困扰：

"我们学校规定在下雨天学生要把雨衣装到袋子里面再挂到教室外面的挂钩上。但是湿的雨衣装在袋子里，正反面都会弄湿，孩子们回家的时候把雨衣穿在身上就会打湿衣服，所以我不大赞成让他们把雨衣塞到袋子里，觉得雨衣直接挂在挂钩上也挺好的，虽然有一点乱。于是我就让孩子们直接挂上就好，这样回家穿上雨衣也不会弄湿衣服。但最后受表扬的班级都是那些遵守规定的班级，而我真正想为孩子好的想法却没有得到领导的肯定。"

"我是一名青年教师，刚入职不久，学校领导觉得我是名校毕业生，文笔也不错，而且年轻有干劲，想要培养我。所以，他们会将一些文字材料、发言稿交给我来完成。但我更想多花时间在教学能力的提高上，可是领导交给我的任务又不好拒绝。我最近总感觉时间不是自己的，自己决定不了自己的工作。"

心理解读

上述案例是教师在工作中缺乏自主性的典型现象，即自己无法控制和决定自己的工作内容、工作方法、工作模式和工作准则。有研究显示，工作自主性对中小学教师的幸福感具有直接的影响。当教师无法把握自己的工作时，其幸福感就会受到影响。人都有自主性的需要，当在工作中拥有较高的自由度，能够很好地把握工作时，个体就会感到被重视和尊重，工作兴趣也会得以提高，从而获得更高的工作满意度和幸福感。

1.教师工作自主性缺乏的表现

中小学教师工作自主性缺乏主要表现在以下几个方面。

学习自主性缺乏。学习是提升教师素养的基本方式，合理地安排学习时间能够提升教师的业务能力，适应不断变化的教育环境和教育改革。但如今线下、线上培训内容多样，如果教师无法选择适合自己的培训方式，在能力得不到提升的同时，任务也变得更加繁重，很容易导致心态失衡。

开展教育活动自主性缺乏。开展各类教育活动是教师工作自主性的重要体现，设计个人擅长的活动项目更能体现教师的创造力、创新性。但一些学校将自由开展的各类教育活动变为规定任务，使得教师开展教育活动缺乏自主性。

家校沟通自主性缺乏。随着时代的发展，教育赋予教师和家庭的任务也逐渐发生变化，一些家长可能用旧标准要求教师。教师一方面想要遵守政策规定，另一方面部分家长又可能提出一些不合理要求，导致教师感觉无法把控自己的工作。

组织管理学生自主性缺乏。组织管理学生是教师职业一项非常重要的工作，但这项工作很容易受外界影响，例如：有的家长要求教师严格管理学生，有错就罚；有的家长要求教师不得惩罚自己的孩子。作为教育领域的从业者，教师对于学生管理有着自己的理解，但一些外界干扰使其丧失了组织管理学生的自主性。

2.教师工作自主性缺乏的成因

关于教师工作自主性缺乏的主要成因有两大部分，即主观原因及客观原因。

（1）主观原因

教师工作自主性的意愿不强：一些教师由于进取心缺乏，导致被动接受工作，消极应对，如照抄教案、仅完成必要任务等。

教学工作能力不足：很多教师有较强的工作自主性意愿，但因自身的经验与能力不足，严重影响其工作自主性的发挥。

精力不足、不会拒绝：在自身精力有限的情况下，部分教师在面临一些自己不想做的任务时不懂如何拒绝。

（2）客观原因

学校管理：学校管理方式、学校领导的态度与工作方式是教师工作自主性的影响条件。如果学校管理方式不够民主，对教师有较多强制管理手段或教条式的任务，都容易使得教师工作自主性缺乏。

社会舆论：如今网络发达，一些关于教师的负面舆论迅速传播，导致部分公众尊师重教意识淡薄，一些家长对教师不信任，无形中为教师的各种教育教学行为加上了限制。

物质条件：一些教师对于教育教学活动有较为深刻的理解，但由于学校的软硬件设施不具备相应条件，使得教师无法按照自己的想法开展工作，这也会限制教师工作自主性的发挥。

 ## 应对之道

作为一名教师，该如何提升自己的工作自主性？

学会拒绝。当你面对一些认为对自己的职业生涯或学生发展没有帮助的工作时，尝试着去拒绝。在拒绝时，有几个小技巧。首先，在耐心倾听后再拒绝，这样会使对方觉得他的意见你有认真考虑过；其次，真诚地说明自己的理由；再次，提出折中方案或合适的建议；最后，控制自己的情绪，保持温柔且坚定的态度。

提升工作能力。有时候我们没办法按照自己的想法开展活动，一部分原因是能力限制了我们的想法，这时就要考虑有针对性地提升自己的工作能力了，其中包括教学组织能力、创造力、教科研能力等。能力越高，你的工作自由度就越高。

制定合理的工作规划。有时我们感觉自己无法把握自己的工作，觉得时间紧，那是因为对于工作的规划不够科学，要学会将工作分为紧急且重要、紧急但不重要、不紧急且不重要、不紧急但很重要的工作，合理安排各类工作的时间，使自己的效率最大化。把握自己的时间，才能把握工作。

做好自己，赢得外界信任。以认真负责的态度对待工作，真诚地进行沟通，让领导、同事和家长信任你，相信你可以处理好教育教学工作，如此一来，他们会给你足够的自由工作空间。

心理小贴士

教学自主性和自主权

在本章中，我们一直在探讨教师"自主"的问题。

从哲学的角度来看，"自主"意味着一个人作为主体对外部事物和自身的控制权。一方面，这种自主性体现在个体对外部事物的掌控，即在不受外界干扰的情况下，能够自由地改造和控制这些事物。另一方面，它也体现在个体对自己行为的掌控，即通过自我调节和自我控制来推动自我发展。

从自主的基本定义来看，自主指的是在没有外界干预的情况下，自我指导和决策的能力。这种自主性包括了内在的心理特征，比如自发性和自控性，也包括了外在的权利特征，比如参与学校管理的权利和控制课堂教学的权利。

具体到教学领域，教学自主可以分为两个方面：一是"教学自主权"，即教师在外部管理和压力下所拥有的独立性和自由，教师可以自主决定和控制自己的教学环境和过程；二是"教学自主性"，即教师对自身的控制和指导，表现为教师以积极的态度对待工作，展现出主动性和进取心，并有效地管理自己的教学情绪和行为方式。二者是教师教学自主的一体两面，前者指向的是权力，后者指向的是动机。教学自主权代表着教师对教学活动的支配性，而教学自主性则代表着教师对教学活动的主观能动性。

在学校中，教师的教学自主权是通过学校组织管理措施所确定的。有研究发现，高教学自主权的教师更容易与同事建立起和谐开放的关系。并且，当学校管理者给予教师更高的自主权时，教师的工作满意度也会提高。但高的自主权只是为教师提供支配工作的一种可能性，并不代表实际情况。只有充分激发教学自主性以后，才能让教师完成"我能发展"到"我要发展"的转变。

37
身处"内卷"的环境，该如何应对？

面对越来越激烈的竞争环境，许多教师产生了一种无力感。以下是一些教师面临的竞争压力。

"开学初，我们学校开始对各个老师上学期的工作进行全方位目标考核，然后评估、公示。这时候，很多人开始焦虑起来，不知道自己会有一个怎样的评估结果，如果结果不好会不会影响自己的职称评定和晋升？于是办公室开始陷入一种压抑的气氛之中。"

"只要评上了高级职称，在工作量和难度不变的情况下，我每月工资会比原来高出许多。我本来只想好好地专心工作、教书育人，但看到网上一些高级教师优质的生活，我真的很难放弃评职称这件事。"

心理解读

2020年，"内卷"作为一个社会热词进入公众视野，获得了极大的关注。作为一个社会学专业术语，"内卷"一词逐渐"出圈"，越来越多的人将其理解为由于"非理性"或"被自愿"的竞争而产生的内部消耗与停滞。许多媒体认为，当今社会是一个"内卷"的时代，尤其是青年，更是首当其冲，受到"内卷"的影响。

教师这一职业也变得越来越"内卷"了。从岗位招聘，到比成绩、比论文，教师长期处于一种竞争的状态，且不是所有的竞争都有积极意义。一些无意义的竞争不仅让教师陷入功利主义的思想，也对教师的心理健康产生了损害。

1."内卷"的本质

有一些人将"内卷"的本质视为"囚徒困境"。囚徒困境描述了这样一个情境，两个共谋犯罪的人被关入监狱，不能互相沟通。如果两个人都不揭发对方，则由于证据不足，每个人都坐牢一年；若一人揭发，而另一人沉默，则揭发者因为立功而立即获释，沉默者因不合作而入狱十年；若互相揭发，则因证据确凿，两人都判刑八年。理论上说，如果双方均不揭发各自被判一年，双方共同利益能够最大化。但事实是，大部分人都会担心对方供出自己，而选择供出对方。"内卷"也是如此，如果所有人都不参加无意义的竞争，那么各自利益均不会受到损害；如果所有人都参与竞争，在得到相同利益的情况下，每个人需要付出更多的努力，也就陷入了"内卷"。

2."内卷"的危害

在"内卷"的情境下，教师很容易出现较大压力，产生抑郁、焦虑等负面情绪，从而导致职业倦怠，消磨了意志。"内卷"还容易使人将同事当成竞争对手，产生人际关系问题，影响教师幸福感。同时，过多的"内卷"也容易引发一些学术不端行为，影响教师教学、科研质量、学生教育等工作。

3."内卷"的成因

关于内卷的成因有很多，主要有：

对教师的评价维度单一。当下社会，对于教师能力的评价以其所教授班级的学生文化成绩为主，家长、学校首先关注的便是教师所教授班级的升学率，而忽略了学生德、体、美、劳的发展。教师只能在学生学习方面开展大量工作，应对同事间的竞争，"内卷"环境由此便形成了。

网络时代信息的快速传播。如今网络媒体愈发发达，"跟风吐槽"使社会现象无序传播，将"内卷"不断放大。这也是为什么我们愈发感觉自己被"内卷"了。

个人功利性思想。社会中的优质资源是有限的，因此只能通过高强度的竞争来获得。当下社会正不断转型，一些人存在一种功利性的思想，学习和工作的目的只是希望能为自己带来更多的优质资源。

应对之道

在"内卷"时代，教师应该何去何从？

开阔自己的眼界。通过学习，不断开阔自己的视野。这样一来，我们就能够站在更高水平上去看待问题，摆脱曾经一些错误的固有思维，不拘泥于当下，考虑问题更加全面、长远。

减轻功利化的思想。更多地关注自己想要的，而非对自己有利的。即使一些工作并不会为我们带来短期收益，但从长远来看，这些工作能够帮助我们实现人生价值。我们完全可以享受学习和工作本身，而不仅仅是享受其带来的利益。

正确看待竞争，追求共赢。竞争不一定是你死我活，竞争中同样可以做到共赢。例如在学生升学率上的竞争，竞争班级间可以共同分享、交流教学经验。这样一来，竞争各方均获得了成长，群体利益也并未受到损害。

积极进行自我调节。当一些情况无法改变时，我们就要采用一些自我调节的方式，如体育锻炼、与合适的人倾诉、休闲旅游、做自己感兴趣的事等。当情况比较严重，自身无法调节时，我们也可寻求专业的心理帮助。

心理小贴士

2020年"内卷"作为十大热词之一登上互联网的舞台，然后被大量引用。那么，你知道"内卷"一词是怎么出现的吗？

"内卷"最早由康德在《判断力批判》中提出，与进化相对，这两个词分别指向事物演变的两个方向。进化指的是事物不断追求与周遭环境协调，甚至是调节环境的一种变化过程。而内卷则指事物向内演变，内部变得越来越精细复杂，但对于外界未产生较大影响。

随后，美国人类学家利福德·格尔茨将其运用在人类社会生活领域。格尔茨将亚历山大·戈登威泽论述的艺术创作中的"内卷"现象进行引申，描述农民在人口压力下不断增加种植的劳动投入，但因边际报酬递减，最后造成无效率的生产，即"没有发展的增长"，导致社会劳动的"内卷化"问题。后经由黄宗智、杜赞奇等人的运用，"内卷化"逐渐成为中国历史学研究中的一个重要概念。

"内卷"一词在我国的"出圈"经历了一个三段论过程。先是某自媒体号发布的《腾讯的背水一战》中"市场内卷"一词引起了不少网民的注意，此事后"内卷"一词的热度整体略有提升；随着高考出分季的到来，"教育内卷"开始受人关注，"小镇做题家"引发了大众的共鸣，"内卷"一词被运用在教育的各个阶段；随着"教育内卷"影响力不断扩大，"内卷"一词开始被运用在生活中的各个方面，甚至引起主流媒体的关注。如今，"内卷"一词在广泛传播后，早就已经与曾经学术界的定义大相径庭，但这并不妨碍学界和大众对于"内卷"的广泛讨论。

在"内卷"一词广泛传播后，学术界对"内卷"与心理健康的关系也展开了许多讨论。有研究认为，长期处于"内卷"状态会使得个体产生消极情绪，如焦虑等。还有研究则认为，"内卷"会使得员工产生一种强迫型激情，即员工受到外部因素影响，被迫爱上工作。这可能会造成员工有着更低的工作积极性、创新性和幸福感，同时也会提高工作倦怠的风险。

所以，即使身处"内卷"时代的你，也要谨防过度"内卷"。

38

"双减"进行时，该如何为自己减压？

王老师说："'双减'之前，没有特殊情况一般下午5点能下班，现在经常要忙到晚上8点才能结束。忙起来的时候，周末也要加班。正常的教学任务和日常管理且不说，日渐普及的学生课后服务和素质拓展，让教师在校时间大大延长。这样的变化让我感觉难以适应，为了提升课堂效率和教学质量，我需要付出很多时间和精力应对。这让我感觉好累，我应该怎么做才能给自己减压？"

心理解读

1."双减"给教师带来的影响

2021年7月，中共中央办公厅、国务院办公厅印发了《关于进一步减轻义务教育阶段学生作业负担和校外培训负担的意见》，提出"双减"，即减轻义务教育阶段学生作业负担、减轻校外培训负担。在实施"双减"政策后，学生的书面作业和学科培训少了，学习负担轻了。

按理说，学生负担轻了，教师的负担也会变轻，然而事实真是如此吗？相反，很多中小学教师抱怨在"双减"后，其工作压力反而变大了，这到底是为什么呢？要了解这个问题，首先要了解工作压力是如何产生的。

根据相关理论，压力的产生并非个人因素或环境因素单独作用的结果，而是个人与环境相联系的结果。当个体的能力与环境不匹配时，压力就产生了。"双减"政策对教师提出了新的要求，教师的职业环境发生了一些变化。当教师无法适应环境变化时，"双减"便为教师带来了新的压力。

2. "双减"背景下，教师压力为何反而增大

在"双减"背景下，教师压力反而增大，原因主要有以下几个方面。

提质增效的要求。在"双减"的背景下，学生的各方面负担减轻，学习时间减少，如果需要完成相等的学习任务，意味着教师需要合理统筹安排教学活动，提质增效，以适应新的课堂评价内容、标准、方式方法。

课后服务变多。现代教育对学生的评价是多元化的，对德智体美劳共同发展愈发重视。"双减"政策新增了学校为学生提供课后服务的任务，教师任务更加繁重。

学生托管。我国越来越多的家庭夫妻双方共同承担养家的任务，"家庭主妇"逐渐减少。由于夫妻双方均需要工作，而学校放学时间通常早于下班时间，因此大批家长有着将孩子课后托管的需求。由于课后托管，一些原本可以在课后时间完成的任务被迫搁置，教师只得另寻其他时间完成，加大了教师的工作压力。

生活问题。随着工作时长和工作任务的增加，一些教师不能很好地兼顾工作与家庭，心理负担与压力日趋增大。

应对之道

面对"双减"政策下变化的教学环境，教师应该如何应对？

重新认识教师职业。教师职业光荣而伟大，承担着教书育人的重要使命。教师工作不仅仅是养家糊口的手段，更是实现人生价值的重要途径。将日益增加的工作理解为贡献而非负担，有助于我们的心理调适。

理性看待压力。根据耶克斯-多德森定律，中等程度的压力对我们的工作效率是有促进作用的。因此，我们不能简单地将压力看作是负面的，它也有对个体有利的一面。因此，理性看待压力对于减压来说至关重要。

接纳自我。教师自古以来就被认为是神圣的、光辉的职业，但作为个体，我们却不是圣人。因此，我们要接纳自己可能会犯错、可能会出现负面情绪的事实。接纳自我，是开始改变的第一步。

区分工作与生活。我们应该尽可能地将工作与生活区分开，将工作上的事在学校完成，离开学校后将时间花在生活上。同时，下班后要完成角色的转变，在学校你是一名光荣的人民教师，下班后，你可以是一名普通的运动、电影、绘画等活动的爱好者，全身心投入你的兴趣之中。

认真反思，适应变化的环境。当下环境对教师提出了更高的要求，如果教师不能很好地反思自我、提升能力，以应对变化的环境，那么有可能会出现一些应激性的反应，从而放大压力。

心理小贴士

关于"双减"，两会代表怎么说

自中共中央办公厅、国务院办公厅印发《关于进一步减轻义务教育阶段学生作业负担和校外培训负担的意见》以来，"双减"一词成为大众讨论的热点话题，引发了广泛争议。一些公众拍手叫好，认为应该给孩子减减负。还有一些公众则表示担心，觉得"双减"政策可能会影响到孩子的学习成绩。

在2022年两会期间，许多两会代表委员发表了自己对于"双减"的看法。有的代表认为，"双减"是要减少不必要的负担，并不会影响孩子的学习成绩，相反，它还有利于孩子自主学习、培养兴趣，提升其创造性。而在自主学习中形成的动手能力、创造能力、思维能力才是真正有利于孩子发展的。有的代表认为，课后服务的出现增加了教师的工作时长，加重了教师的工作负担。因此，学校除了引导本校职工主动参与课后服务，还可以引入第三方机构，通过购买服务的形式调动社工、志愿者、在校大学生，共同参与课后服务工作。还有的代表则建议增加体育和美育课时，实现"双减"带动"双增"。体育能够强健体魄、磨炼意志，美育能够提升观察力、想象力、创造力。

39
如何区分自己的工作与生活?

以下是一些教师因无法合理区分自己的工作和生活而产生的苦恼。

"我从事教师工作已经近20年,最近突然发现,我好像变成了一个'唠叨婆'。在学校对学生唠叨,回家后对自己的孩子、爱人唠叨,一点小事总是反复去强调,有时我都怀疑自己是不是提前进入更年期了。"

"作为班主任,我需要在学生管理时严肃一点,让学生听话。有时候学生不听话,我为了让他们认识到自己的错误,也需要板着脸去教育。最近我爱人总是说我成天板着个脸,这时我才意识到自己把工作当中的情绪与习惯带回了家里,给家人造成了许多困扰。"

"我们教师的工作多是和学生打交道,所以需要认真安排教学计划,精心设计每一堂课,对于每一环节如何安排,都要做到心中有数。回到家以后,我也看不惯谁闲着,总想给家人安排这样那样的事,这给家人造成了很大的困扰。"

心理解读

我们每个人在社会中都扮演了多个角色,且大多数人都能够很好地进行角色间的转换,但上述案例中的几位教师,没能很好地区分工作中和工作外的角色,导致其在工作外仍然按照教师角色的行为模式行事,从而产生角色冲突。不同的角色间难以协调，这可能是因为心理边界模糊。

1.心理边界的概念

在长时间从事某种职业后，我们可能会患上特定的职业病，不仅是身体上的职业病，还有可能是心理上的职业病。教师职业也是如此，从事教师职业久了以后容易焦躁、易怒、爱说教、爱安排人。出现这类问题的原因，归根结底，其实是我们的心理边界比较模糊。

社会心理学视角下的心理边界，是指人的心理活动的限制线，这条限制线将个体、群体、组织与周边的环境区分开来。自我分类理论认为，心理边界就是个体对不同情境中自我身份的区分。

每个人在不同的场合里扮演不同的角色，这是一种弹性的处事方式。如果将处于某种角色的处事方式直接转移至另一种角色中，很可能会出现不适用的情况。例如：我们作为教师角色，习惯了对学生说教，但如果在扮演妻子或丈夫的角色时仍然经常说教，很容易产生家庭冲突。

2.教师心理边界模糊的常见表现

将工作中的情绪带回家。如今教师这一职业的工作不仅仅是上课，还承担着许多日常事务、科研任务，同时还需要积极与家长沟通，处理各种人际关系。繁杂的工作容易让人产生焦虑、抑郁等负面情绪。如果个体心理边界模糊的话，很容易将教师角色中的情绪带回家庭，影响家庭幸福感。

将工作中的习惯带回家。每个职业都有着独特的工作习惯，教师职业中常见的工作习惯有经常说教、神情严肃、爱安排他人做事等。这些习惯很大程度上会影响到我们身边最亲近的人。例如，教师能让自己的孩子拥有最优质的教育资源，但如果一味说教很容易使孩子产生逆反心理，带来一些不良后果。安排自己的爱人、父母做这样那样的事，也容易让对方产生抵抗情绪。

将工作带回家。随着社会对教师的期望值提高、网络通信工具的日益发达，教师的工作不再局限在学校，有时教师在家也需要处理各类工作事宜，如家校沟通、教科研任务等。如果工作占用了大量休息时间，也会使得教师产生心理压力、不良情绪等。

3.心理边界模糊的危害

产生情绪问题。人的情绪是动态变化的，当我们遭遇不如意的事情时会产生负面情绪，当遇到好事时则会产生积极情绪。如果工作中的负面情绪始终无法通过其他途径消解，负面情绪长期累积，处于不良情绪状态下的个体很容易产生情绪问题。

影响社会交往。人与人之间是相互影响的，当我们处于不良情绪状态，或采用不合适的方式与人沟通交流，很容易使他人产生负面情绪，降低他人与我们交往的意愿。长期处于这样的社会交往模式，很容易影响个体与他人之间的人际关系。

影响家庭和谐。上文也提到，一种角色上的正确的行为模式，直接使用在另一种角色中时，可能会出现不适用的情况。当我们将教师角色中的一些行为习惯带入家庭，有可能会影响家庭和谐。

引发工作倦怠。当我们无法区分不同角色时，就会陷入一种恶性循环。例如，我们将工作本身、工作中的情绪、工作中的习惯带回家，它们会影响我们的情绪、人际关系、家庭和谐；反之，我们又会将这些问题产生的原因归为教师职业本身，从而对自己的职业产生负面评价，出现工作倦怠；工作倦怠又会影响我们的日常工作，产生不良情绪，形成闭环。

应对之道

心理边界模糊会带来许多消极影响，那么我们应该如何去应对呢？

认识角色转换的重要性。前文提到，角色之间的行为模式不能直接迁移使用，需要进行区分。这就要求我们清晰地进行角色定位，流畅地进行角色转换。我们需要清楚地认识到如果无法流畅地进行角色转换，很有可能会引发角色冲突，对自己的身心健康产生不良影响，破坏亲子、夫妻、朋友等关系。

明确角色定位，流畅角色转换。首先，明确我们有哪些角色，如教师、子女、父母、妻子、丈夫、朋友等。其次，思考我们处在这些角色之中时，需要承担哪些责任。最后，明确我们在不同角色中应该做什么事，并训练自己的角色转换能力，避免角色冲突。就像一位合格的心理咨询师，需要流畅地进行角色转换，将来访者的一些负面信息留在咨询师的角色之中。

掌握科学的时间管理技巧。合理安排工作，尽可能地在工作时间内做完当日的工作，为自己的生活留下一部分时间，下班后尽量不处理工作上的事。区分重要或不重要的事，将不重要的事务留到第二天去处理，将宝贵的休息时间留给自己。

心理小贴士

如何实现工作与家庭的平衡

工作－家庭冲突视角植根于角色理论，强调一个生活角色的期望或要求经常会干扰一个人满足另一个角色的期望或要求的能力。一个人的资源（如时间、精力、注意力）是有限的，在分配这些资源以满足工作和家庭的需求时会产生潜在的紧张感，这反过来会导致心理紧张的体验。有研究认为，积极参与家庭和工作角色对个体的健康和幸福感有积极的影响。例如，与家庭主妇相比，有工作的母亲的身体和心理健康水平更高。实现工作与家庭平衡最可行的方法是制定个人边界管理策略，然而个人最适合的策略则因人而异。一般来说，我们可以用下列这些方法来实现工作与家庭的平衡。

一是根据自己的实际情况选择侧重点。如果家庭经济条件相对贫困，则可以多花一些时间在工作上，为家庭带来更多的收入。收入也是影响幸福感的重要因素，我们需要充分权衡其中的利弊。

二是主动沟通，获得家庭成员的支持。当工作影响到家庭关系时，我们需要主动与家庭成员沟通，充分征求他们的意见，通过商量的方式来寻求一个平衡点，明确家庭分工。

三是管理好时间。无论如何都要空出一部分时间用来陪伴家人，当工作比较忙时也是如此。可以先完成紧急的事，不紧急的事可以在与家人度过一段愉快时光后再进行，愉悦的身心有助于提升工作效率。

每天学点心理学：教师心理健康知识手册

遭遇"道德绑架"该怎么办?

在生活中,教师不可避免地会遭遇"道德绑架"问题,以下就是一些教师的困扰。

"教师,是一种神圣而高尚的职业,可我现在却越来越害怕让别人知道我的职业,因为其他人对我的职业仿佛带有一种'偏见'。比如我在休闲时间会和朋友打打麻将,朋友却调侃我,你一个当老师的人,下班后不想着好好提升自己,却和我们在一起打麻将。"

"大家都觉得老师就应该是谦和有礼的,也没错,对学生当然要谦和,但是是有原则的谦和、温柔的坚定。在工作中,我有时也会遇到蛮不讲理的家长,他们会提出一些不合理的要求,我做出回应,到后来我的言辞可能稍微激烈了一点,他们就说,你是老师,你怎么能这样呢?"

"不少教育家说教师是人类灵魂的工程师,教师是太阳底下最光辉的职业。可说到底,教师只是万千职业中的一种,教师也是普普通通的人。我也想成为一个普通人,不想有那么多人关注我的言行举止。"

心理解读

1.什么是"道德绑架"

"道德绑架"似乎我们每个人都曾经历过,它是指被人以特定的道德标准要求我们的言行举止,使其达到某种道德要求。比如富豪经常被人指责说:

"你这么有钱，为什么不拿些钱出来做慈善，帮助需要被帮助的人？"或警察被人指责说："你们警察不是为人民服务吗，为什么这点小忙都不能帮我解决？"甚至是普通人，工作或学习了一天已经非常疲惫，但在公交车上同样可能遭遇"道德绑架"。例如，即使并没有坐在爱心专座上，也会有人指责说："年轻人也不知道给老人让座。""道德绑架"的本质在于强迫、要挟他人去做超越其义务的事情。

有时，教师群体也会遭遇"道德绑架"，社会对于教师的要求超越了其义务的奉献。比如案例导入中的事例，要求教师无原则的谦和，这已经超越了教师的义务。

2. "道德绑架"的特点

涉及资源和利益的分配问题：一些典型的"道德绑架"，如逼迫让座、逼迫捐款等，都涉及资源和利益的分配。

主要发生在陌生人之间：与"情感胁迫"不同，"道德绑架"主要发生在陌生人之间。如情侣间的"你要是爱我就一定要给我买钻戒"就属于情感胁迫。

"被绑架者"往往处于优势地位："绑架者"和"被绑架者"之间通常存在着强与弱或者贫与富的差别，例如逼迫让座，我们会默认让座者处于优势地位。

"道德绑架"不一定以利己为目的：有的"绑架者"是因为自身利益而要求别人帮助自己，有的则是要求去帮助与自己毫无关系的陌生人。但"绑架者"希望获得他人的认可，以此获得高道德评价。

3. "道德绑架"的成因

关于"道德绑架"的成因，许多学者提出了自己的观点。综合概括起来，主要有以下几个方面。

"严以律人"的错误道德观念。部分人"严以律人"的错误道德观念可能会导致其成为"绑架者"，以较高的道德准则去要求他人。尤其是教师在受教育程度、社会地位等方面本就高于大多数人群，所以往往会被他人以较高的道德准则去要求。

权利意识的缺失。部分人错误地认识自己和他人的权利也是"道德绑架"的成因之一。一些人在还未明确事情真相的情况下就进行强烈的道德指责，错误地认为自己享有社会监管的权利，同时也错误地认为对方无权反驳。例

每天学点心理学：教师心理健康知识手册

如部分人拥有的"教师应该无原则的谦和"的思想就是错误的，教师同样拥有表达自身想法的权利。

媒体的责任失范。随着社会的发展，不少自媒体逐渐形成。一些自媒体在报道事件时带有很强的主观色彩，分享的观点也失之偏颇，从而容易误导大众的思想，使网络成为"道德绑架"的温床。

应对之道

面对道德绑架时，我们经常觉得很气愤和无奈。尤其是一些人以"圣人"的标准要求教师，更让人觉得不可理喻。当遭遇道德绑架时，教师该如何去应对？

学会拒绝。当被他人以一种过高的"圣人"标准要求做某些事时，我们要学会拒绝。但这种拒绝并非带着愤怒情绪的拒绝，而是一种温柔且坚定的拒绝。

不惧怕沟通。前文提到，有时我们遭遇"道德绑架"是因为一些错误的思想观念，要改变这样的观念，沟通就显得尤为必要。因此，在遭遇"道德绑架"时，我们可以传递自己的观点，并说明理由，虽然这个过程可能需要重复很多次，但你每重复一次，距离改变这样的环境就更近了一步。需要注意的是，我们所说的沟通是有效沟通，而非"吵架式"的无效沟通。

区分"合理要求"与"道德绑架"，提升自己的道德素养。作为教师，我们的言行举止确实更容易受到社会的关注。教师作为祖国未来花朵的培养者，其个人品德也确实对整个社会的道德水平有着非常重要的影响。因此，教师也需要反思自己眼中的"道德绑架"，是真的"道德绑架"还是合理要求。如果是合理要求，那么这就需要我们提升自己的道德素养。

心理小贴士

2021年，一则新闻引发热议。一位中学教师李老师在"五一"假期期间兼职送外卖，被媒体报道后，引发了网友的广泛讨论。李老师表示，由于疫情原因，本地区并没有开学，他想利用节假日做一些自己想要做的事。

然而，该事件被报道以来，许多网友开始指责李老师，认为教师的本职

工作是教学，觉得他不务正业，就想着赚钱。李老师则认为，自己是利用休息时间从事兼职工作，且外卖员的工作能让自己的身体动起来，降低血糖。同时，送外卖四处跑跑也能让自己增长见识、增加收入，何乐而不为呢？

有一些网友非常赞成李老师的做法，并将指责李老师的言论定义为"道德绑架"。对于这样一件事，我们从心理学的角度应该如何看待？

首先，适当的运动有助于缓解精神上的焦虑，获得积极情绪。我们在前文中也曾提到，如果教师拥有积极情绪，对于整个班级氛围、学生情绪都具有促进作用，有利于提高教学质量。

其次，学生是具有向师性的。班杜拉认为，人类的学习有模仿学习，教师作为学生进入童年期以来最具影响力的角色，一直都是孩子们的模仿对象。这种模仿并非指的是学习教师送外卖的行为，而是可能学习到教师这种吃苦耐劳的精神。通过积极的引导，学生也能从中获益，这又何尝不是一种教学？

再次，我们常说"读万卷书不如行万里路"，经验是知识形成的基础。教师在送外卖的过程中，能够获得大量的经验。这些经验也是教师日后教学的最好素材，它能够促使教师的教学更为深入浅出、结合实际，从而促进学生学习迁移。

最后，教师送外卖的行为，也向学生传递了"行业无贵贱"的思想。各行各业都是为国家的发展做贡献，每个行业都值得被尊重。因此，在正确价值观的影响下，学生的道德品质也会随之提高。

第五篇
应激事件
应对篇

随着我国经济的快速发展和社会的急剧变革，学习和生活中给学生带来困扰且依靠自身力量难以解决的应激事件形式越来越多样，比如考试失利、校园霸凌、网络诈骗、家庭变故、身心疾病等，这些应激事件是导致学生可能会产生负面情绪甚至问题行为的压力性事件。这些事件的共同特点是：事件的性质是负面的，事件的强度或者持续时间超出了学生的承受或者应对能力。大量研究表明，如果应激事件处理不当，极易导致学生出现心理疾病、非自杀性自伤行为、自杀等严重后果。因此，作为新时代的教师，学生心理健康的守护者，了解学生可能发生的应激事件，学习并掌握应对之道具有十分重要的意义。

学生出现考试焦虑怎样正确引导？

小孙是某重点高中的一名高三学生，他性格内向，不善与人交流。在每次考试前，小孙都特别紧张。例如在某次月考中，他一走进考场就觉得自己心慌意乱，有种呼吸不过来的感觉，心跳得特别快，不一会儿就满头大汗，觉得全身的肌肉都僵硬了，握笔的手一直在发抖，肚子好像也

隐隐作痛。看着考卷上的题目，他觉得天旋地转，大脑一片空白，看都看不懂，之前学过的知识全忘了。他恨自己没用，重重地用脚朝地上跺了几脚，想以此缓解肌肉的僵硬，却不想跺脚之后手抖得更厉害了。监考老师察觉小张的情况不对，走过来询问他是不是哪里不舒服，整个考场的同学也都看向小孙，这下他更紧张了，脸涨得通红，支支吾吾半天都说不出话来。小孙的家长也多次带他去医院检查，却未发现任何器质性疾病。

心理解读

在这一案例中，小孙可能存在考试焦虑。在日常的教学过程中，这种情况并不少见。一些同学一面临考试便会出现各种各样的问题或心理上的不适，而这种不适其本质就是考试焦虑。考试焦虑是指在考试前，因缺乏信心或考试后觉得自己没有尽最大努力，而产生不安、担忧、痛苦或者沮丧等情绪反应。过度的考试焦虑对学生的学习和生活会产生明显的消极影响，严重的会

演变为焦虑性神经症。目前，中小学生成长发展的历程中，考试仍然是其从幼年到成年早期最重要的竞争方式。因此，为了能够得到优质的教育资源，学生只能努力学习，以便更好地应对考试。据调查分析，我国近15年来高度考试焦虑的平均发生率达22.32%。在这一背景之下，考试便成为学生巨大的心理压力来源，尤其是中、高考。

 ## 应对之道

那么，教师在面对学生出现考试焦虑时应该如何助其缓解？

识别考试焦虑类型，有针对性地进行辅导。考试焦虑一般具有以下三种表现类型。

1.以认知偏差为主导型。这个类型的焦虑表现为，脑海中出现大量的负面自动化思维，即出现不合理信念。这些不合理信念具体为：

（1）非黑即白的两极性思维。如：要是这次考试考得不好，以后的前途就完了。

（2）以偏概全或选择性概括：选择某一个细节，忽略其他方面，以至整个情绪都染上该细节的色彩。如：有一门没考好，就认为自己很糟糕，一无是处。

（3）过度引申：从一个具体事件出发引申作出一般规律性的结论。如：一道数学题没解答出来，就认为自己不适合学数学，学不会数学。

应对这些不合理信念，主要以认知重构技术为主，即帮助学生寻找其不合理信念，通过与不合理信念的辩驳，逐步使合理信念替代不合理信念，最终增强其考试适应性，降低考试焦虑。理性情绪疗法理论（又称情绪ABC理论）告诉我们：观念左右情绪，是你的认知或信念产生了你的情绪，而非外在的刺激及行为反应。不是事件A（Activating event）直接导致情绪C（Consequence），而是中间通过了个体的观念B（Belief）。因此，为了转变存在任务焦虑的个体对压力情境的消极情绪反应，教师辅导学生时需要帮助其重新建立新的适应性认知，以积极态度替代原来的消极态度。

2.以生理唤醒为主导型。这个类型的焦虑主要表现为各项生理指标和情绪的唤醒，是由交感神经主导的一种高度警觉或紧急状态。这种焦虑会有心跳加速、血压升高、呼吸加速、盗汗、坐立不安、手抖、腿抖等生理反应。

应对以生理唤醒为主导型的考试焦虑，可以采用呼吸放松训练、冥想、积极自我暗示、渐进式肌肉放松、蝴蝶拍等方法。以呼吸放松训练为例：以一个舒服的姿势端坐，双脚与肩同宽，两手自然放在膝盖上，双目微闭，慢慢吸气，缓缓吐气。呼吸放松训练时，需要把所有的注意力都集中在一吸一呼上。最少进行5次以上的深呼吸，感受身体逐渐进入一种放松状态。呼吸放松训练操作简单，适合在各类场合下使用。

3.以技能缺乏为主导型。该类型的典型行为首先表现为缺乏技能；其次是延迟行为，总是努力和计划学习，但又无限期地推迟学习活动；最后是主观上不情愿或实际上拒绝参考的行为，即逃避或回避。逃避或回避等行为经常被高焦虑者当作考试期间和考前的自我保护策略以减少他们的紧张和痛苦。

应对以技能缺乏型为主导的考试焦虑，要教导学生学会正确的认知策略。认知策略即学习的方法，如复述策略：重复、抄写、重点划线等；精细加工策略：口述、总结、类比等；组织策略：列提纲、做思维导图等。

制定弹性目标。指导学生制定合理目标，并要求学生根据自己的实际情况进行调整，如成绩较好的科目或掌握较好的科目，目标就可以定高一点；如果成绩较差或者无法理解的科目，遵循小步子原则，使自身逐步接近理想目标，避免始终处于高压状态下，以减轻考试焦虑。

心理小贴士

蝴蝶拍放松训练法

蝴蝶拍是通过有规律拍打身体来增加自身安全感与情绪稳定的心理技术。具体方法可以按照以下步骤进行。

1.调整呼吸，轻轻地闭上眼睛，想象一个过往经历中给我们带来积极体验的事情，让自己慢慢进入安全或平静的状态，并确认身体的哪个部位感受到了这种积极的体验。

2.双臂在胸前交叉，右手放在左上臂，左手放在右上臂，轻轻抱住自己两侧的肩膀。

3.双手轮流轻拍自己的臂膀，左一下、右一下，为一轮。

4.速度尽量放慢，轻拍4～12组为一轮，然后停下来，深吸一口气。

如果好的感受不断增加，可以继续下一组蝴蝶拍，直到积极的体验更为强烈；如果出现消极的体验，及时提醒自己现在只关注积极的体验，消极的体验以后再来处理。

把刚才想的积极的事件用一个词来形容，然后想着这个形容词再来做一组蝴蝶拍。在进行蝴蝶拍的时候速度要尽量放慢，就好像孩提时期母亲安慰孩子一样，轻而缓慢。通过这个动作，我们可以安慰自己，使心理和躯体恢复放松并进入一种稳定状态。

42

学生出现网络成瘾怎样助其脱困？

小郭，男，一名初二学生。他在上小学时是一个阳光、健康、上进的好学生，成绩优异，还担任过班长。然而，自从进入初中后，他逐渐接触到网络，并开始频繁上网，从此对学习失去兴趣，成绩迅速下滑。在

接触网络之前，小郭积极乐观、勤奋努力，但在接触网络后，他开始表现出对上网的强烈渴求。每次放学回家，他就迫不及待地打开电脑，沉迷于网络游戏和社交媒体，往往一玩就是数小时之久。即使是在深夜，他也难以控制自己，常常玩到凌晨，导致白天上课时精神不振，注意力无法集中。随着时间的推移，小郭对网络的依赖变得愈发严重。他在没有网络的情况下感到极度焦虑和烦躁，甚至在课堂上也会分心想着下次上网的机会。他的这种行为已经持续了一年之久，其间他无法正常完成学业，学习成绩也持续下滑。在老师的建议下，小郭的父亲带他到医院进行检查。经过医生的详细问诊和排除器质性疾病的可能性后，医生认为小郭的情况符合网络成瘾的相关标准。

心理解读

该案例中的小郭同学存在网络成瘾的情况。考试焦虑和网络成瘾是当下学生群体中较为常见的消极事件。由于学业上的焦虑紧张情绪，一些学生渴求通过网络等方式排解。网络成瘾按其表现形式大体可以分为以下5种类型：

网络社交成瘾、网络游戏成瘾、网络色情成瘾、网络交易成瘾和网络信息成瘾。其中，网络社交成瘾表现为过度沉迷于使用网上聊天室、论坛和聊天软件等即时通信工具来结交网友、进行网恋等；网络游戏成瘾是指过度沉迷各类电子游戏；网络色情成瘾表现为经常沉迷于观看、下载和交换网上的色情图片与视频；网络交易成瘾是指出于难以抗拒冲动而频繁地在网上交易或购物；网络信息成瘾表现为强迫性地浏览各种网页，查找和收集各类信息。

《中国青少年健康教育核心信息及释义（2018版）》对青少年网络成瘾的定义如下：网络成瘾是指在无成瘾物质作用下对互联网使用冲动的失控行为，表现为过度使用互联网后导致明显的学业、职业和社会功能的损伤。诊断网络成瘾障碍，持续时间是一个重要标准，一般情况下相关行为至少持续12个月才能确诊。（注：自行诊断不可替代医生诊断）

据中国互联网络信息中心（CNNIC）最新报告，截至2023年12月，我国网络用户规模已达10.92亿，互联网普及率达到77.5%，其中未成年网民已达1.93亿，未成年人互联网普及率达到97.2%。目前，随着互联网不断普及，网络对于青少年的消极影响也逐渐凸显出来。由于青少年的大脑皮层发育不完善、意识弱化、理解判断力较差、自控能力较差，且处于青春期，具有严重的叛逆心理，对新鲜事物充满好奇，喜欢追求刺激、惊险和浪漫，网络游戏、色情和聊天都恰好对应青少年的心理需求，导致他们更容易网络成瘾。

网络是一个包含着各种信息的数据库，充斥着各种有利或有害的信息。据相关调查，网络中与色情相关的不健康内容占全网络信息的47%，而接触过这些信息的高中生，90%会产生犯罪动机。再者，网络中还充斥着杀人游戏、暴力游戏等不良信息，网瘾严重的高中生会因为思想观念被侵蚀，而无法分清现实世界与虚拟世界，从而出现诈骗、抢劫、故意杀人、盗窃他人信息等违法犯罪行为。

网络成瘾还会危害个体的心理健康，具体表现在以下五个方面。

交往方式错位：网民之间的交往是一种技术性的"人-机交往"，而非正常的人与人的交往，长此以往，就会导致真实的人际交往萎缩，产生畸形的人际交往行为。

人格异化：渐渐失去对现实环境的感受能力和积极参与意识，形成缄默、孤僻、冷漠、紧张、不合群、缺乏责任感等心理现象，导致出现数字化的"虚拟人格"。

自我迷失：虚拟自我和现实自我发生冲突。

道德失范：网络活动具有强大的虚拟性，缺乏约束和监督，这会导致网民在网络上做出一些平时不允许或没有胆量做的事情，如人身攻击、黑客行为、粗言恶语等。

社会功能退化：参加社会活动越来越少，人与人真实互动机会越来越少，导致社会经验缺乏、适应能力减弱。

应对之道

面对学生的网络成瘾，教师应该如何助其脱困？

强化现实认知，增强学生安全感。部分学生由于在现实生活中无法满足自身的需求，比如情感方面的需求，被认同、被赞美的需求，因此就去网络中寻找所谓的认同感。他们在沉迷网络的过程中将自我代入，把自己幻想成网络中人，沉迷于网络中不切合实际的人物以及不符合常理的情节，从而产生一种强烈的满足感。对于这部分学生，教师应采取充分与其在现实生活中进行沟通的方式，对其进行心理疏导，丰富其精神生活。

丰富校园生活，增强学生获得感。在学校开展"红色、绿色、古色"文化主题教育，定期组织学生观看爱国主义电影，培养学生形成强大的心理支撑。从班级实际出发，组织开展好社团活动、兴趣小组、阳光体育等集体活动，让每个学生都参与进来，不断充实学生的精神文化生活，引导学生"扣好人生第一粒扣子"。定期组织学生参加劳动体验、环境保护等实践活动，开展"学生看祖国变化"等主题研学实践活动，引导和拓展学生与社会接触的机会和空间。建立班级课后服务机制，在周末和寒暑假为有需求的学生提供文体活动、社会实践等课后服务。

家校共同合作，消除网络成瘾。孩子的网络成瘾与家庭教养方式关系密切。有研究表明，父母心理控制对孩子网络成瘾具有显著的正向预测作用。父母心理控制被定义为父母对孩子施加各种内外部的压力，侵入他们的思想和情感，通过诱导内疚和撤回爱来控制他们的行为。孩子作为成长中的个体，尤其在中学阶段更是急需获得自主感、空间感和身份感的时期，而父母心理控制严重则会损害孩子的自主感，更进一步促使孩子沉迷网络。因此，作为教师应当采用家校合作的方式与学生的父母沟通协作，一同帮助孩子摆脱网络成瘾。

心理小贴士

如何提升自我效能感

有心理学家将自我效能感定义为，人们对自身能否利用所拥有的技能去完成某项工作行为的自信程度。心理学家认为，一个人对自己的行为除了拥有结果期望外，还有一种效能期望。结果期待是自己对自身某种行为会导致某一结果的推测，效能期待则是指个体对自己能否实施某种行为的能力判断。个体在现实中的挫败导致成就感缺失，而成就感缺失与网络成瘾具有十分密切的关系。因此，在现实生活中，增强个体的自我效能感将有助于降低网络成瘾。

我们可以从以下几个方面来提升自我效能感。

1.分解任务：将复杂的学习任务分解成一系列小的、具体的、可操作的任务，这样我们便可以时常体验到成功，从而提高自我效能感。

2.接受挑战：有意识地选择一些稍微超出自己当前能力范围的任务，但又不至于完全无法完成。在努力克服这些挑战的过程中，我们会发现自己的能力在不断提升，自我效能感也会随之增强。

3.自我奖励：当完成一个重要的学习目标或取得明显的进步时，给自己一个小奖励，比如吃一顿喜欢的美食、买一本想看的书等。这种奖励会强化积极的行为和感受，提升自我效能感。

4.适当锻炼：适当的运动可以释放压力、改善心情，同时让我们更有精力去应对学习中的困难和挑战，从而间接提升自我效能感。

5.积极想象：在每天开始学习之前，花几分钟的时间想象自己高效、专注地学习的场景，以及成功应对各种难题的情景，为自己创造积极的心理预期。

43
学生出现抑郁症状怎样助其缓解？

案例导入

小孟是某中学初一的一名优异学生，成绩一直名列前茅。但在高强度的学业压力下，她逐渐开始表现出一些令人担忧的迹象。起初，学校的频繁考试让她感到极大的焦虑，每逢考试她就会紧张、头晕，甚至开始对学习产生厌倦。随着时间的推移，小

孟的情绪变得愈发低落。她不再像以前那样对学习充满兴趣，反而感到一股无力和疲惫感笼罩着她。随着压力的积累，小孟逐渐失去了对周围事物的兴趣，甚至连曾经让她感到愉悦的羽毛球运动她也提不起劲来。她开始频繁地感到自己不够好，认为所有的一切都是自己的错，陷入了深深的自责和内疚中。小孟的睡眠模式也发生了明显的变化。她常常难以入睡，甚至在凌晨便早早醒来，白天则总是显得疲惫不堪。她的食欲大幅度下降，体重也因此明显减轻。这些症状持续已有两个月时间，并且逐渐加重，严重影响了她的日常生活和学业。结合这些症状的持续时间和严重程度，小孟极有可能患有抑郁症。

心理解读

小孟在遭受学业压力后，不仅情绪低落，而且对自己喜好的运动也失去了兴趣，快感缺失，甚至做出过激行为，存在抑郁症状。目前，像小孟一样出现抑郁症状的学生不在少数。在日常生活中，我们往往会听到这样的反馈：

"得抑郁症的人就是矫情，心眼小，遇事想不开。""抑郁症不用治，找朋友倾诉一下就行了。"其实抑郁症是心理与生理因素共同交织导致的一种情绪障碍，可能是由于神经递质如去甲肾上腺素、五羟色胺、多巴胺等的改变而产生的。因此，抑郁不是"矫情"，更不是找人倾诉一下就可以完全康复的。抑郁症的治疗包括药物治疗、心理治疗、物理治疗、康复治疗等。抑郁症并不可怕，它同大部分疾病一样可以预防！

研究发现，近年来我国抑郁症发病年龄逐渐呈现年轻化趋势。据《2023年度中国精神心理健康》蓝皮书显示，我国高中生抑郁检出率为40%，初中生抑郁检出率为30%，小学生抑郁检出率为10%。抑郁症的核心症状是抑郁心境、兴趣和快感缺乏，同时可能出现食欲缺乏、睡眠障碍及物质滥用等行为。处于青少年时期的学生身体发育逐渐走向成熟，对周围事物的认知也由幼稚走向成熟。此时的学生容易遭受成长压力、学业压力、家庭压力、同伴压力等影响，如果没有正确的引导，父母及老师的理解，极易产生抑郁情绪。抑郁情绪可进一步发展为抑郁情绪障碍，进而影响个体的人际交往、兴趣爱好、学习能力，甚至可能导致自杀等风险行为的发生，严重威胁青少年的生命安全。

在本案例中，小孟存在抑郁症状。而在日常学习和生活中，抑郁情绪却是更常见的情况。抑郁情绪与抑郁症状的区分需根据以下关键点。

1.持续时间：抑郁情绪通常是短暂的（通常是两周以内即可自行恢复），而抑郁症状需要持续一定时间（通常是两周以上并可能持续数月）。

2.社会功能影响：抑郁症状会显著影响个体的社会功能和日常活动，而抑郁情绪可能只是短期的情感反应，未必严重影响社会功能。

3.诊断标准：抑郁症状符合一定的临床诊断标准，可能需要专业的心理评估和诊断，而抑郁情绪通常无需专业诊断。

 应对之道

那么，当学生出现抑郁症状时，教师可以采取哪些措施助其缓解？

陪伴和倾听。陪伴和倾听既可在对抑郁症前期的辅导中运用，也可以贯穿始

终。作为教师需要正确识别学生当前的状态，当学生处于极度的低能量或低活力状态时，他们更需要的是药物治疗和专业医生指导。我们能做的是尽可能地保证学生的安全，陪伴在他们身边，倾听他们内心的声音。

持续储备抑郁症知识。作为一名教师，要充分掌握抑郁症方面的知识，包括抑郁症的诊断标准、核心症状及背后的可能成因、常见的治疗方法及可能的药物影响等。只有掌握了充分的知识，教师在后续与学生的交流中才能给出适当、合理的建议。

帮助学生与心理医生建立良好的沟通渠道。建立沟通渠道有两种可行方式：其一是建议学校和专业治疗机构建立合作关系，为学生接受治疗搭建绿色通道；其二是与学生的治疗医生在保密原则许可的前提下，了解学生的情况，及时掌握学生的心理状况，在校对其进行有针对性的辅导。

建议学生多运动。研究表明，跑步可以刺激内啡肽的分泌。内啡肽是一种天然的止痛物质，能使人产生一种特殊的欣快感觉。跑步在消除轻度抑郁症方面不仅可与短期精神疗法媲美，而且比不限时间的长期精神疗法更有效（若重症抑郁仍应寻求专业人员的帮助）。

心理小贴士

目前，根据《中国精神障碍分类与诊断标准（第三版）》，我国抑郁症的诊断标准如下。

抑郁发作以心境低落为主，与其处境不相称，可以从闷闷不乐到悲痛欲绝，甚至发生木僵。严重者可出现幻觉、妄想等精神病性症状。某些病例的焦虑与运动性激越很显著。

症状标准：以心境低落为主，并至少有下列4项。

（1）兴趣丧失、无愉快感。

（2）精力减退或疲乏感。

（3）精神运动性迟滞或激越。

（4）自我评价过低、自责，或有内疚感。

（5）联想困难或自觉思考能力下降。

（6）反复出现想死的念头或有自杀、自伤行为。

（7）睡眠障碍，如失眠、早醒，或睡眠过多。

（8）食欲降低或体重明显减轻。

（9）性欲减退。

严重标准：社会功能受损，给本人造成痛苦或不良后果。

病程标准：

（1）符合症状标准和严重标准至少已持续两周。

（2）可存在某些分裂性症状，但不符合分裂症的诊断。若同时符合分裂症的症状标准，在分裂症状缓解后，满足抑郁发作标准至少两周。

排除标准：排除器质性精神障碍，或精神活性物质和非成瘾物质所致抑郁。

（说明：本抑郁发作标准仅适用于单次发作的诊断）

轻性抑郁症：除了社会功能无损害或仅轻度损害外，发作符合抑郁发作的全部标准。

重性抑郁症：社会功能受损，给本人造成痛苦或不良后果，发作符合抑郁发作的全部标准。

注：以上项目只做参考，自行判断不可代替医师诊断。

44

学生出现精神病性障碍怎样助其康复？

2022年，某大学外语学院辅导员接到当地派出所电话，声称该院一名大一女生（A同学）报警说有人对她进行性骚扰。接到电话后，辅导员第一时间向领导汇报了这一情况并及时赶到派出所。在派出所办公室内，A同学声称有两名男生正通过电磁波对她进行性骚扰。经民警询问，判断A同学可能存在精神问题，出现了幻觉。随后，辅导员立即联系其家长。其父坦言，A同学有精神病史，目前仍在服药。与家长沟通后，辅导员建议家长立刻赶到派出所送孩子就医，待康复后再返校学习。

心理解读

在上述案例中，A同学出现了妄想和幻觉等症状，根据《中国精神障碍分类与诊断系统（第三版）》判断，她存在精神分裂症或类似的精神病性障碍。随着社会经济的快速发展和互联网的不断普及以及在日益激烈的竞争环境的影响下，学生患上精神病性障碍的风险不断上升。常见的精神病性障碍包括：

（1）器质性精神障碍：由于大脑的器质性病变（如脑外伤、脑肿瘤、脑炎等）导致的精神障碍，表现为认知功能、情感、意识或行为的改变。

（2）心境（情感）障碍：主要包括抑郁症和双相情感障碍（躁郁症）。双相情感障碍表现为情感高涨（狂躁）和情感低落（抑郁）的交替发作，可能导致严重的功能损害。

（3）精神活性物质或非成瘾性物质所致精神障碍：主要包括神活性物质所致精神障碍和非成瘾性物质所致精神障碍，表现为由于使用精神活性物质（如酒精、安定药物、麻醉药物、兴奋剂等）导致的精神障碍和由于使用非成瘾性物质（如某些药物或营养补充剂）导致的精神障碍。这些物质可能不会产生依赖性，但在某些情况下仍能引起精神症状。

（4）精神分裂症和其他精神病性障碍：核心症状包括幻觉，最常见的是听觉幻觉，患者可能听到不存在的声音，这些声音通常对他们进行评论或命令；妄想，指坚定的、不符合现实的信念，例如被害妄想（相信自己受到迫害）、夸大妄想（过度夸大自己的重要性）；思维混乱，患者可能会表现出思维连贯性差、逻辑混乱和难以组织语言；情感淡漠，表现为情感表达减少，患者可能显得冷漠或情感反应迟钝；行为异常，包括怪异或不适当的行为，如不合时宜的举动或行为的重复性。

应对之道

当今社会对于精神疾病的治疗，主要集中在躯体治疗（药物、电休克以及其他刺激脑部的方法，如经颅磁刺激疗法和迷走神经刺激疗法）和心理治疗。心理治疗方法以认知疗法、行为疗法、家庭疗法、支持性心理疗法、人际心理疗法、音乐疗法等为主。面对出现精神病性障碍的学生，教师应学会正确应对和处理。

具备一定的精神病性障碍知识。我国的精神卫生法明确了从事精神病性障碍诊断须有专业的执业资质，因此不论是作为教师或是作为学校的心理工作者均不能擅自为疑似存在精神病性障碍的学生进行诊断。但我们可以学习《中国精神障碍分类与诊断标准（第三版）》，了解相关的诊断内容，帮助我们识别可能存在这一情况的学生，并及时处理。

及时与家长沟通。北京大学第六医院的一项调查报告显示，31%的社区居民对精神障碍有病耻感，社区居民认为38%的精神障碍可不治自愈。当下精神障碍似乎是"羞耻"的代名词。因此，当学生可能出现精神性障碍时，教师应及时与家长沟通。在建议家长及时带学生接受专业治疗的同时，帮助家长正视精神障碍问题，帮助学生消除病耻感。

不过分关注。在日常教学过程中，教师应秉持不过分关注原则，不让出现疑似精神障碍的学生感受到自己与其他人不同而受到老师的特别关注，避免学生强化自身患病这一负面信念而进一步产生焦虑、恐惧情绪。

心理小贴士

关于世界精神卫生日的小知识

1. 什么是世界精神卫生日？

"世界精神卫生日"是由世界精神病学协会（World Psychiatric Association）在1992年发起的，时间定在每年的10月10日。

2. 设立宗旨

为了提高政府部门、社会各界、广大群众对精神卫生重要性和迫切性的认识，普及精神卫生知识和对精神发育障碍疾病的研究认识，计划在每年10月10日前后开展"世界精神卫生日"宣传活动。

3.《中华人民共和国精神卫生法》

我国于2018年4月27日生效的《中华人民共和国精神卫生法》详细阐述了维护精神疾病患者权益、规范精神卫生服务、界定精神疾病标准等内容。

45

学生出现非自杀性自伤行为怎样保其安全?

案例导入

小盈，女，16岁，某校高二学生。自幼父母离异，和妈妈生活在一起，妈妈多病且工作忙碌，脾气较为暴躁，对孩子照顾较少。因此，小盈胆小、敏感、自卑，没有安全感。近来，小盈情绪时常不稳定，并开始出现多次割伤、咬伤自己等自伤行为。母亲十分担心，遂前来找学校心理老师咨询。

心理解读

小盈存在非自杀性自伤行为。非自杀性自伤行为是指一个人在没有自杀意图的情况下，直接、故意地对自己的身体组织造成伤害，是一种不被社会认可的行为，常见的形式包括切割、烧伤、抓伤、头部撞击等。非自杀性自伤行为在学前、小学生和初中生群体中较少发生，青春期中期开始快速增加，青春期后期和青年期早期出现高峰，中年期后逐渐减少。青少年非自杀性自伤行为问题已经成为全世界普遍存在的公共卫生问题。非自杀性自伤行为受到多种因素影响，包括社会因素、家庭因素及个人因素。其中，家庭因素中的父母教养方式对青少年非自杀性自伤行为具有重要的影响。被父母严厉管教的青少年更容易出现内外化行为问题，父母严厉惩罚是青少年自伤的危险因素。父母严厉管教主要是以"控制""专制""惩罚"等形式表现。

目前，根据《精神障碍诊断与统计手册（第五版）》，对非自杀性自伤行为诊断标准如下。

1.在过去一年内，有5天或更多，该个体从事对躯体表面的可能诱发出血、瘀伤或疼痛（例如切割伤、灼烧、刺伤、击打、过度摩擦）的故意的自我损害，预期这些伤害只能导致轻度或中度的躯体损伤（没有自杀观念）。

注：缺少自杀观念可能是由个体本身报告，或是通过个体反复从事那些个体知道或已经学到不太可能导致死亡的行为而推断出来的。

2.个体从事自我伤害行为有下述预期中的1个或更多。

（1）从负性的感觉或认知状态中获得缓解。

（2）解决人际困难。

（3）诱发正性的感觉状态。

注：在自我伤害过程中或不久后能体验到渴望的缓解或反应，个体展现出的行为模式表明依赖于反复从事该行为。

3.这些故意的自我伤害与下述至少1种情况有关。

（1）在自我伤害行动的不久前，出现人际困难或负性的感觉、想法，例如，抑郁、焦虑、紧张、愤怒、痛苦、自责。

（2）在从事该行动之前，有一段时间沉湎于难以控制的故意行为。

（3）即使在没有采取行动时，也会频繁地想自我伤害。

（4）该行为不被社会所认可（例如体环、文身等），也不局限于揭疮痂或咬指甲。

（5）该行为或其结果引起有临床意义的痛苦，或妨碍人际、学业等其他方面重要功能。

4.该行为不仅仅出现在精神病性发作、谵妄、物质中毒，或物质戒断时。在有神经发育障碍的个体中，该行为不能是重复的、刻板模式的一部分。该行为不能更好地用其他精神障碍和躯体疾病来解释，例如，精神病性障碍、孤独症谱系障碍、智力障碍、自毁容貌症、刻板运动障碍伴自我伤害、拔毛癖（拔毛障碍）、抓痕障碍（皮肤搔抓障碍）。

非自杀性自伤行为虽未有明确的致死性，但存在自杀和自杀未遂的长期风险。那么，哪些特质的学生容易出现非自杀性自伤行为呢？

自我情绪调节困难：对外界的不满容易引发青少年的愤怒，与此同时，焦虑、挫败、内疚、自责等负面情绪伴随而生。由于缺乏有效的情绪调节方法，他们将这些情绪指向自己，并用自伤的方式进行缓解。

控制人际关系：青少年企图用伤害自己的方式引起他人的重视，从而重新获得重要他人的关注和喜爱，满足自己的归属需要，或以此为要挟，和他人谈条件，来逃避自己不愿面对的情境和不想承担的责任。

追求新奇刺激：青少年时期，同伴关系对个体的发展有着至关重要的影响。同时，在电子信息时代，网络文化对青少年的影响作用也不容忽视。当青少年误认为自残是一件很炫酷、很新奇的事情时，会增加实施这一行为的概率。

减轻病理性痛楚：当个体患上严重的心理疾病，如重度抑郁症、焦虑症等，内在的痛苦无处释放时便会采取非自杀性自伤行为，因为非自杀性自伤行为引发的身体痛苦能在一定程度上减轻巨大的心理痛苦，让其体验到暂时的放松。

以上4点是引发青少年非自杀性自伤行为的常见诱发因素。

应对之道

在非自杀性自伤行为高发的背景下，教师可以做些什么呢？

保持觉察。大部分实施自伤自残的孩子都不愿意让他人知晓，因此会将伤口隐藏起来。所以教师要保持觉察力，及早发现并应对危险。以下是一些预警信号：当发现学生情绪持续性低落、抽屉或书包里藏有刀片、即使夏天也穿长袖、极少愿意暴露手腕手臂等部位时，就需要引起高度警觉。

稳定情绪。作为教师，要及时与学生家长沟通。部分父母在得知孩子出现自伤自残行为后，通常会表现得惊愕、紧张、恐惧，甚至愤怒。然而，家长一旦被这些情绪所控制，也意味着关上了孩子向家长求助的大门。因此，在面对学生的自伤自残行为时，教师要与家长积极沟通，帮助家长迅速调整自己的情绪状态。情绪稳定的家长能够协助孩子更快地走出困境。

表达关怀。有自伤自残行为的学生其实是在向外界传递一种求助信号。作为教师，了解学生的需求，并能够根据需求做出积极的反馈，对学生而言是极其关键的一步。教师的尊重与信任、倾听与理解、关心与呵护，是学生愿意打开心门与教师一起谈论和面对困境的关键所在。

及时关注，保证安全。当发现班上有自伤自残的学生时，教师一定要高度重视，要注意观察孩子的伤情，及时送医处理伤口，在最大程度上保证孩子的安全，避免发生不必要的危机事件。

了解原因，分类处理，评估风险。确保学生安全后，教师要及时采取个体访谈、资料搜集（询问在场的或了解情况的师生，注意找准对象，避免给当事学生造成心理负担）等方式，全面了解学生的情况。若情况较轻，则予以谈话，加以后期跟踪观察，避免类似情况再度发生；若情况严重（如教育无效、伤口深、频率高、有自杀风险等），则即刻报告有关校领导，告知家长，寻求学校心理教师或规范的心理机构的专业帮助。

心理小贴士

非自杀性自伤行为与其他自伤行为的区分

1.刻板性运动障碍：刻板性运动障碍可表现为反复撞头、摇晃身体、啃咬和击打身体部位。但刻板性运动障碍发病年龄一般在3岁以内，且个体常常伴随一定的智力问题。

2.图雷特综合征：少部分图雷特综合征患者会出现无法克制、反复性自伤行为，表现为患者自己咬伤自己或自己打自己、用头撞坚硬的物体、抓破皮肤、烫伤自己、砍伤自己等。

3.揭痂症：揭痂症常起病于青少年时期，通常表现为患者在自己脸上、手臂和手掌上，当然也可能在粉刺、痂、老茧上进行摩擦、挤压、扎、咬等行为。揭痂症症状与非自杀性自伤行为还有以下不同：第一，揭痂症患者常常一天中会花好几个小时伤害自己的皮肤，而非自杀性自伤行为的伤害行为是短暂的，可能只持续几十秒；第二，虽然压力性事件和负面情绪都会使伤害皮肤的行为加重，但非自杀性自伤行为与负面事件和情绪相关性更明显，而揭痂症即使在相对放松的情况下，撕皮或揭痂的情况也会存在；第三，病程转归不同，非自杀性自伤行为通常在青少年时期出现，但随着年龄的增长，会在几年内自发痊愈，而揭痂症通常会持续几十年。

46
如何预防出现校园霸凌事件？

2016年，某县发生一起校园霸凌事件。一名已辍学的女生马某某，因生活琐事对12岁的六年级女生熊某心生怨恨，纠集4名中学生守候在熊某就读的小学附近。待熊某出现后，马某某等5人尾随并胁迫熊某到偏僻处，轮流对熊某掌掴共32次，并全程拍

下视频。事发当晚，视频被马某某传至网络并迅速扩散。事发后，当地公安、教育等部门对涉事者和相关学校做出了处理，参与打人者也分别在家长陪同下向受害者登门道歉。

——摘自中国反校园欺凌网

心理解读

校园霸凌是指发生在与校园密切联系的地点，基于宣泄、欺凌的动机，以故意伤害为主要手段，针对校园学生的欺侮行为。它可以被理解为一种个人或群体性的虐待，其中暴力和欺凌是其主要特征。施暴者使用武力、权力或其他暴力方式，在身体或精神上伤害、欺凌或羞辱受害者，以使自身的违法心理得到满足。被霸凌者一般性格较为内向，遇到问题不敢主动寻求帮助，在校园中不受同学的重视，不善于与同学交流，缺少朋友，有身体障碍和智力障碍或有其他异于常人的行为。

校园原本应该是阳光、安全的净土，所以无论是为保证学校正常办学秩序，还是为青少年的健康成长提供保障，关注并研究校园霸凌问题都是一个刻不容缓的课题。我国公布的《未成年人学校保护规定》将学生欺凌和校园暴力与学生间正常的嬉闹等区别开来，归纳了侵犯身体、侮辱人格、侵犯财产、恶意排斥、网络诽谤或传播隐私等五类欺凌行为；要求学校成立学生欺凌治理组织负责调查和认定，对存在欺凌行为的学生应当进行教育、惩戒等。同时，将防治性侵害、性骚扰纳入专项保护，建立预防、报告和处置性侵害工作机制。

应对之道

那么，面对校园霸凌问题，教师应当采取哪些措施有效预防和遏止？

引导学生家长营造和谐的家庭氛围。教师应以家长会等方式，告知家长要教育孩子不要欺凌他人，耐心教导孩子尊重他人，学会换位思考。当和他人发生冲突时，家长要教导孩子不要把这种消极的情绪发泄到他人身上，要教会孩子学会自我排解负面情绪的技巧。同时，家长要努力为孩子营造温馨的家庭氛围，不要让孩子生活在暴力的家庭氛围中，如果家长有暴躁激动的情绪，在孩子面前也要尽量克制，要让孩子在一个充满和谐、民主、融洽氛围的家庭中成长。此外，家长应倾听孩子的心声，安抚孩子的情绪。如遇霸凌事件，家长更应理性对待。被霸凌学生家长应了解事情的具体情况，要控制好自己的情绪，而不要采取极端的解决措施。

帮助学生塑造健康自我。开展反霸凌主题班会，纠正施暴者的认知偏差。预防校园霸凌，应首先从潜在施暴者的预防入手。施暴者有能力观察、认识和理解社会，只是在某些问题上的认知出现了偏差，最终选择了错误的行为方式。这些偏差主要集中在两个方面：一是施暴者过分高估了其自身能力，相信暴力是解决问题的关键；二是施暴者对行为责任普遍持一种回避态度，不考虑行为的后果。教师可以通过开展学校、家庭和社会教育，让潜在的施暴者知道，暴力无法解决问题且只会让事情变得更糟，没有人可以对自己的行为不负责任，特别是伤害他人的行为，帮助潜在施暴者改变其错误认知，这样就可以成功预防一部分潜在的施暴者变成校园霸凌的施暴者。被霸凌者可以主动避险及求救。无论什么时候，被霸凌者一定要保证自身的安全，要用冷静的头脑来判断正在或者即将面临的危险，尽最大努力满足或拖延霸凌方的需求，一定不能去激怒霸凌方，更不要独自一人向一群霸凌者进行挑战。若发生霸凌事件，被霸凌者一定要向老师或者学校报告，并且及时跟家长沟通。如果发现霸凌者身上带有刀具等凶器，那么被霸凌者就应该以最快的速度远离霸凌者并且尽可能地向周围的人求救。

组织开展抵制霸凌集体教育。学校应当定期组织关于抵制校园霸凌的主题班会，让学生认识到校园霸凌的危害，消除潜在的施暴者。及时向青少年灌输社会规范意识和法律意识，阻止潜在施暴者将不良行为"内心合理化"的进程。正视性教育的重要性，增强女性的自我保护意识，引导青少年形成正确的爱情观，杜绝因感情问题而产生的校园霸凌。教师应当同家长一道对具有异常人格或特殊人格的学生重点关注，必要时对其进行心理辅导或心理教育，消除潜在的隐患。学校或家庭可以通过组织集体活动或家庭活动的方式提高学生的共情力，用美好而高雅的事物改变学生心中的暴力倾向。

心理小贴士

2020年5月，我国九部门印发了《关于建立侵害未成年人案件强制报告制度的意见（实行）》（以下简称《意见》），共二十三条内容。

《意见》规定了性侵、虐待、欺凌、遗弃、拐卖等九类应当报告的情形，报告责任主体向公安机关报案或举报的，应按照主管行政机关要求报告备案。具备先期核实条件的相关单位、机构、组织及人员，可以对未成年人疑似遭受不法侵害的情况进行初步核实，并在报案或举报时将相关材料一并提交公安机关。医疗机构及其从业人员在收治遭受或疑似遭受人身、精神损害的未成年人时，应当保持高度警惕，按规定书写、记录和保存相关病历资料。

《意见》强调，检察机关应当切实加强对侵害未成年人案件的立案监督。认为公安机关应当立案而不立案的，应当要求公安机关说明不立案的理由。认为不立案理由不能成立的，应当通知公安机关立案，公安机关接到通知后应当立即立案。

47 如何帮助遭遇家庭变故的学生应对心理创伤？

案例一：新生入学不到一个月，小强和小文的父亲就相继病故了。突如其来的打击，让两个家庭的经济状况一落千丈，生活负担更重了。此后，生性寡言少语的小强变得更加沉默；而小文则逃课，远赴他乡会女友，完全采取回避的态度，不愿意面对现实。

案例二：小瀚在高中刚入学时成绩还不错，入学一年后，他的学习成绩迅速滑坡，一个学期下来好几门科目不及格，老师询问了几次原因，他都说没事。后来，在学校追缴学费的时候，他的妈妈突然来校，问能否缓交学费。经过了解，原来小瀚的母亲得了癌症，原本幸福的家庭一下子负债累累，小瀚承受不住这种打击，日渐消沉。

案例三：小付父母离异，母亲又重组了一个新家。后来继父病了，母亲又要照顾他，家庭负担更重。看到母亲日夜操劳，小付同学既心疼母亲，又为自己无能为力而烦恼，一度萎靡不振，甚至感到绝望。

心理解读

个体的心理健康与其生活经历有密切关系，而生活中的一些重大事件往往是影响一个人心理健康水平的关键因素，如亲人离世、生活巨变、创伤性事件等。而上述案例中的那些同学都不幸遭遇家庭变故，自此感到绝望，心理健康水平直线下降。家庭变故一般指家中突然发生不可逆转的事情，如亲人离世、父母离婚、家人出现重大健康问题、家庭出现重大财产损失等，导致学业、事业被迫中断或停止，彻底改变整个家庭的状况，甚至因此搬离熟悉的生活环境，生活质量断崖式下降。家庭变故给人所带来的不仅仅有心理和身体创伤，还涉及一系列长期的影响，甚至可能导致创伤后应激障碍的发生。家庭变故带来的消极影响在短时间内难以消除。处于青春期的青少年正值心理发展的"疾风骤雨"期，情绪情感强烈且多变，再加之有限的生活经验，故当家庭遭遇重大变故时往往无所适从，容易产生偏激的想法和过激的行为，若无及时有效的引导可能导致严重后果。

应对之道

创伤后应激障碍的形成除了与创伤性的事件类型及强度相关外，还与个人的既往创伤史、行为、家庭关系、社会支持等密切相关。因此，教师在应对创伤后应激障碍时可以从以下几个方面着手。

推荐学生接受心理咨询。现在大多数学校都有心理咨询室，但学生的心理咨询欲望不强，当出现一些心理问题时往往不予重视，出现创伤后应激障碍也很少主动求治。因此，作为教师，在日常教学工作中应帮助学生了解心理咨询并提升其接受心理咨询的意愿，让出现创伤后应激障碍的学生第一时间接受专业的心理帮助，避免心理障碍和极端行为的发生。

建立学生心理健康档案。心理健康档案主要搜集学生的人格特征、心理测试结果、日常与心理健康相关的言行记录（如每周可以做心理晴雨表）、过去曾出现的问题或经历的重大事件。通过心理健康档案的建立增加对学生心理工作的预见性和主动性，有助于教师有针对性地开展工作。（档案管理必须遵循保密原则）

活在当下，建立自信。帮助学生认识过去的事不可逆转，我们需要活在当下。教师应提供陪伴与支持，让学生在班级中感受到关怀。同时，积极鼓励学生参加学校各类社团活动，充分发挥自身特长，帮助学生建立自信。帮助学生解决当下危机，加强学生的心理韧性。

心理小贴士

心理健康档案

心理健康档案的基本项包括：

1.学生个人的一般情况（姓名、性别、出生年月、民族、学历、身体健康状况、重大疾病史）；

2.学生的家庭情况（家庭地址、成员结构、父母职业、文化程度、教育态度及家庭成员之间情感状况等）；

3.学生的学习及社会适应情况（学习成绩、优劣学科、兴趣及爱好、师生关系、同学关系、班主任评语）；

4.各类心理测试及鉴定结果；

5.心理辅导过程记录等。

如何帮助学生预防网络诈骗？

小刚是一名高三年级的学生，从小经历颇多的他，相较于其他同学来说显得更为成熟稳重。某天，他接到了一名客服的电话，说他之前在网上购买的东西出了点意外，卖方那边打算对小刚进行双倍的金额赔偿。刚接

到电话的小刚有一丝犹豫，因为这个东西他确实买了，但由于时间有点长，他不太记得自己是否退了这东西。随着客服把他购物的基本信息说了出来后，小刚暂时消除了疑虑。之后，客服和小刚说明了要如何获得双倍金额补偿的方式。在这个过程中，客服要求小刚到另外一个购物平台购买物品，并说只要输入他刚才告诉小刚的那6位数字就可以。这一刻，小刚犹豫了，但考虑到自己的支付密码并不是这6位数，还是按照客服的要求进行了操作。当输入完6位数字后，小刚蒙了。随着一声清脆的手机铃响，他支付成功了，银行卡里的1500元就这样消费完了。小刚随即跟客服对质，但客服让小刚用另外一个会议平台，他的领导会和小刚当面说明情况。这一刻，小刚忽然明白了，自己被网络诈骗了，随即关掉电话，并去派出所报了案……

心理解读

在上述案例中，我们能看到它是很明显的网络诈骗。所谓网络诈骗是指随着互联网技术的不断发展，许多犯罪分子非法获得他人的个人数据，并通过电话或互联网等信息技术手段，对他人进行远距离、非接触式诈骗的犯罪

行为。而未经世事的学生往往成为诈骗分子的首要目标，究其心理学层面主要有以下几个原因。

学生的侥幸心理。部分学生自认为文化知识水平足够高，思想上比较成熟，觉得没有人可以骗得了自己，所以往往对生活和社会的认识比较片面。许许多多的学生在被诈骗的过程中不是没有怀疑过对方，但因为对方的花言巧语或觉得自己可以捉弄一下诈骗分子，于是放松了警惕，进而被诈骗分子抓住破绽，一步一步被诈骗分子引入他们所布置好的圈套。

学生的逐利心理。随着社会的发展，部分人思想中不断滋生利己主义和拜金主义。虽然按照马斯洛的需要层次理论来说，人要先满足了低层次需要才会产生高层次需要，但是许许多多的学生正是被诈骗分子抓住了心理上的弱点，利用学生没有经济收入却有许多消费需求和逐利的心理，一步一步设下圈套，最终导致许多学生被骗。

学生的猎奇心理。所谓好奇害死猫，诈骗分子有时也是利用学生的猎奇心理，一步一步地吸引学生进入一个他们不太熟悉的领域，并在此过程中对学生进行各种各样的诈骗。许多学生抱着试一试的态度，结果最后越陷越深，最终上了诈骗分子的当。

学生的同情心理。相较于社会人士，学生这个群体更为单纯，也更具有同情心。所谓同情心是指深切体会他人所受的痛苦并主动提供帮助或显露怜悯之情。而社会上的诈骗分子就是利用了学生的同情心，假扮成受害者或盗取别人的社交账号，对学生群体实行各种各样的诈骗活动。

学生被诈骗后的羞耻心和自尊。学生遭遇到被诈骗的情况后，往往出于保护自尊和避免羞耻，不愿将自己被诈骗的经历告诉别人或者只告诉少数人。许多学生由于被诈骗的金额数并不多，往往以花钱买教训等为理由，表现出一种吃亏是福的心理，进而放弃为自己维权，而这种心理也从侧面助长了诈骗者对学生群体实施诈骗的气焰。

应对之道

　　那么，教师在教学过程中可以采取哪些措施提升学生的心理防范水平，避免学生上当受骗？

引导学生培养防骗意识，提高辨别水平，增强防范能力。教育学生平时如果遇到陌生短信，一般不予理睬；接到陌生的电话，也要提高警惕。上网的时候，不要轻易透露个人的真实信息，有些网站的内部人员就是靠出售客户资料赚取昧心钱。加强对预防电信诈骗知识的宣传，可以在很大程度上提高学生的警惕性，使学生保持清醒的头脑。学校及时发布电信诈骗案件以及新型的电信诈骗作案方式，有利于学生掌握防诈骗的本领，提高学生反诈骗的能力。

切实加强道德和法治宣传教育，减少诈骗犯罪的后备力量。现在电信诈骗犯罪呈现年轻化的趋势，这些犯罪嫌疑人很多也是刚从学校毕业的，因此要加强学生在学校的道德和法治宣传教育，提高学生的法律意识，从而防止更多的人进入这个犯罪行业。

显性教育和隐性教育相结合，优化育人环境。显性教育指开设诈骗防范课程或组织防诈骗主题班会。隐性教育是指通过班级文化和环境建设，将安全教育、防骗教育隐含其中，潜移默化，使学生在不知不觉中受到教育。大力开展班级文化建设，通过丰富多彩的文化活动，如讲座、辩论、研讨、演出等形式，宣传防骗教育。

心理小贴士

防诈骗顺口溜

陌生电话要警惕，可疑短信需注意；

暴利理财和投资，多是骗局莫搭理；

畅游网络要小心，诈骗手段在翻新；

冒充公安和法院，提防骗子在演戏；

陌生电话勿轻信，对方身份要核清；

亲朋好友遇事急，不忙汇款先联系；

个人信息要保密，密码账号管仔细；

不理不信不汇款，小心谨慎防万一。

学生被性侵后怎样助其心理复原？

小贝，某校初二年级的学生。由于父母长期在外务工，小贝从小留守在老家，由爷爷奶奶抚养长大。在学校里，她是成绩优异的三好学生；在家里，她是听家长话的乖乖女。但是最近小贝的表现却很不寻常，她回到家里的第一件事就是洗澡，并且一洗就是一个多小时，话也变少了，以前喜欢淡淡微笑的她再也不笑了。爷爷奶奶原本以为是学习压力过大才导致小贝出现这样的情况，时间长了才发现小贝身体不对劲，这才慌了神，连忙带小贝去做检查，发现她竟然感染了妇科疾病。

心理解读

在上述案例中，小贝突然表现出对自己身体干净的在意，情绪表现也不像往常一样开朗爱笑。对于孩子这种突然的情绪和行为表现的转变，我们能猜测到是发生了一些不好的事情，如受到性侵害。性侵害未成年人犯罪是指加害者以权威、暴力、金钱或甜言蜜语，引诱胁迫未成年人与其发生性关系，并在性方面造成对受害人的伤害的行为，包括猥亵、乱伦、强暴、性交易、媒介卖淫等。性侵害案件发生后会对学生造成非常恶劣的影响，会产生诸如恐惧、害怕、无助等负面情绪感受。因受害者年龄小，这种负面影响还会影响学生青春期的正常交往，甚至造成一生的心理阴影。

那么，遭遇性侵会对学生造成怎样的身心伤害呢？

厌恶身体接触或者麻木。当和异性有亲密的接触时，受害人的身体会有曾经被伤害的反应，倾向于回避。还有的受害人表现为身体麻木，对自己的身体没有界限，任何人都可以和自己发生关系。

亲密关系恐惧。经历性侵后很容易产生消极情绪，很多受害者觉得自己是不清白的，有自卑感，向往爱情却不敢接触异性，在心理层面产生亲密恐惧，难以建立良好的亲密关系。

产生焦虑等抑郁情绪。很多女性在遭受性侵后，即便当时没有意识到，也没有出现特别的症状，但是在之后会加大罹患抑郁症、焦虑症的可能。这是因为心理的创伤一直潜藏在受害者的内心深处，无法随着时间的流逝而愈合。

创伤后应激障碍。性侵是严重的创伤事件，也是造成创伤后应激障碍的首要因素。大部分遭受过性侵犯的受害者都会出现创伤后应激障碍，她们常常出现警觉性增高、回避或麻木等症状。同时，这些经历会打乱受害者正常的生活、工作与社交。

出现自伤、自杀等行为。特别严重的情况是，患上抑郁症、创伤后应激障碍等精神障碍后，伴随着自伤或自杀的行为的概率会大大增加，受害者用这些方式在一定程度上逃避性侵事件的影响和记忆。

应对之道

那么，教师在教学过程中可以采取哪些措施预防性侵事件的发生？

在家庭和学校中进行性教育。校园性侵案件的发生折射出我国儿童性教育的缺失，同时也为我们敲响应该如何对未成年人进行适度的性教育的警钟。性是我国传统的禁忌话题，在谈话中是敏感的词语，是一种只可意会不可言传的内容，用"谈性色变"来描述我国家庭和学校中的性教育也不足为奇。因此，由教师牵头，带领家长和学生一同学习性健康知识，进行性心理健康教育是极为必要的。

提升学生性侵认识水平。初中生大多处于青春期，防性侵意识薄弱，缺乏自我保护意识。教师要在日常教育中提高学生的防性侵意识水平，让学生了解以下内容均属于性侵，如被人强吻、被迫观看或触摸他人的性器官、被迫观看黄色书籍或色情视频、被人抚摸胸部或性器官、被迫发生性关系、性骚扰、暴露、窥淫等。

老师和家长以身作则。无论孩子处于哪个时期，老师和家长都应该及时关注和给予帮助。老师和家长在关注孩子性成长时，首先应该约束自身行为。在孩子成长的过程中，他们大多数时间还是以老师和家长为学习榜样的。

在学生遭受性侵后，教师该如何对其进行有效干预？

保证学生安全。尽快带学生转移到安全的场所，避免与性侵者接触。如果受到安全威胁，应第一时间报警。同时，要尽量避免学生在就医或报警前刷牙、洗澡、洗衣服等，为后续警方办案提供可能收集的证据。

指导学生就医。性侵可能导致多方面的损伤，因此就医时也涉及较多科室，包括但不限于外科、五官科、内科等检查。如若是女性还需进行妇科检查，包括但不限于病毒感染，如梅毒、淋病、支原体等检查。同时，学生还可能出现一系列心理健康问题，也需要精神科或心身医学科的评估。

进行危机干预。学生遭遇性侵后可采用危机干预六步法。其一，明确危机来源。通过与当事人对话，明确导致危机的具体事件或原因是什么。这一步的关键是了解当事人当前的感受和困扰，从而定位危机的核心。其二，保证安全，评估风险。在了解问题后，迅速评估当事人的安全性，特别是是否存在自杀、自残或他伤的风险。根据风险评估结果，采取必要的紧急措施，保障当事人及周围人的安全。其三，给予支持，建立信任。通过倾听和共情，给予当事人情感上的支持，帮助她们感受到被理解和关怀。这一步的重点在于让当事人知道她们并不孤单，有人愿意帮助她们。其四，提出并验证可变通的对应方式，探讨解决方案。与当事人一起探索可能的应对策略和替代方案，帮助她们看到危机的不同解决途径。在此过程中，鼓励当事人回顾过去成功应对类似问题的经验，并提出具体的建议或解决方法。要确保所提出的应对策略是现实可行的，并符合当事人的能力。其五，制定具体行动计划。根据讨论的解决方案，与当事人一起制定一个明确的行动计划。这个计划应包括具体的步骤和时间表，以便当事人可以按照计划逐步解决问题。其六，得到承诺，增强信心。确保当事人承诺会遵循制定的行动计划，并愿意接受后续的跟进和支持。通过得到承诺，增强当事人对解决问题的信心和责任感。

心理小贴士

心理稳定技术：保险箱技术

当学生遭遇性侵后可能存在一定的心理应激情绪。因此，采取一定的心理稳定技术能让孩子在内心世界中构建一个安全的地方，适当远离令人痛苦的情境，并且寻找内心的积极资源，激发内在的生命力，重新激发面对和解决当前困难的勇气，增加对未来生活的希望。

保险箱技术也叫容器技术，是分离技术的一种。它是由来访者自己建构一个安全的容器，把想要隔离的创伤材料放进容器里，达到与创伤性刺激保持距离的效果。随着治疗的不断深入，来访者以及治疗师认为可以针对创伤记忆进行加工后，由治疗师协助来访者处理容器里的创伤材料。

需要注意的是，来访者要把容器放到想象中安全保险的地方，只有来访者自己能取到，并且能够取回来，但是不能放在治疗室。治疗师需要做的是引导并帮助来访者构建、完善属于他的安全容器，检查各项功能，将创伤材料放进容器，并把容器放到安全的地方。

保险箱技术可以用来帮助我们处理负面情绪或者心理创伤。在指导语的帮助下，我们可以借助想象的力量将负面情绪打包封存，从而让自己的心理功能有所恢复。

50
学生出现意外身亡该如何应对？

和往常一样，A校的学生在上完一天的课后正常放学回家。但是C班的一名学生却因为和父母闹矛盾，产生了轻生的想法，最终导致了悲剧的发生。这件事发生后，A校的学生们依旧是正常上学，但是在C班里，因为这名学生的悲剧，班级里许多学生产生了不同程度的害怕和不安，甚至还有一些同学出现了晚上做噩梦的情况，此事的发生不同程度影响了同学们的学习和生活。面对这种情况，学校组织了专门的心理辅导，以此来缓解同学们因为这件事导致的心理波动……

在B中学，期末考试结束后学生们都回家过暑假了。在假期中，一名学生因为天气炎热便和几名同学一起下河玩水，但是意外发生了，这名学生不幸溺水身亡。同行的几名同学因为这个突发情况也被吓得不轻，出现了不同程度的害怕和不安……

心理解读

　　在上面两个案例中，同学们在了解或看到其他同学的意外身亡情况后，产生了不同程度的心理冲击，而这种心理冲击进而会导致同学们出现心理危机。心理危机是指个体在遇到突发事件或面临重大挫折和困难时，以往处理问题的方式和惯用的支持系统难以应对当前的处境，出现的身体和精神处于崩溃边缘的状态，即当前必须面对的困境超出了个体的应对能力。在这一情况下，个体就会产生心理的失衡状态，而这一失衡状态就是心理危机。在心理危机的影响下，个体会产生一系列心理和生理的综合症状，反映出对创伤事件的适应不良。心理上的具体表现为产生情绪与行为障碍，如害怕、恐惧、易怒、反复且非自主地对事件的侵入性记忆等。生理上表现为头疼、注意力下降、睡眠障碍、体重下降等。心理危机与个人对困境及应激事件的认识水平、环境或社会支持，以及对困境或应激事件采取的应对技巧有十分密切的关系。心理危机的来源包含情境性危机源，阶段性转换危机源和文化、社会结构危机源。其中，情境性危机源就包含自然灾害、交通事故、离婚、死亡等。学生群体中经常出现的一些意外伤亡事件，如溺水、交通事故等就属于情境性危机。因此，作为一名教师不仅需要关注学生的学习和生活，还需要关注学生的心理状态。学习心理危机干预也是教师工作的重要组成部分。

应对之道

　　对于心理危机干预，其应对方式主要有心理治疗和药物治疗。药物治疗需要由专业的医生指导，故在此不予讨论。我们下面的重点将从心理治疗的角度探讨教师如何应对学生出现的心理危机。

　　危机干预。当学生家庭遭遇重大危机，危机干预就像是一个紧急的创可贴。这时，教师应该向学生解释当前的症状，并给出指导意见，告诉其应当怎么处理、处理什么等。危机干预是急救性质，必须在短时间内完成。具体危机干预步骤见本书第49问中的相关内容。

　　班级团体干预。当出现紧急危机事件，作为教师可以开展针对此次危机事件的主题班会，分享话题，引导学生共同讨论。话题可以是"面对死亡，我懂得⋯⋯"让学生自主发言（如我懂得感恩、我懂得珍惜等）。也可以在班级设置留言板、悼念角等让同学们宣泄和释放情感。还可以在班级张贴"心理应急援助知识"，以集体的力量，让全班参与到心理危机干预中来。

心理小贴士

Worden的任务导向哀伤辅导模式

Worden的任务导向哀伤辅导模式专门帮助经历失去亲人或重大损失的人处理哀伤反应。不同于传统的哀伤阶段模型，该模式辅导的重点在于帮助哀伤者完成一系列心理任务，以便逐步适应和重建生活。这个模式的四项核心任务如下：

1.接受丧失的现实。哀伤者需要接受所爱之人或重要事物已不再的事实，这一过程既涉及理性上的承认，也包括情感上的接纳。辅导者可以引导哀伤者通过倾诉、书写等方式表达丧失带来的震惊和无助，帮助他们缓慢地从"否认"过渡到"接受"。在实际操作中，辅导者可以使用开放式提问，例如"你现在感觉他们好像还在吗"或"当你想到他们不在了，你的感受是什么"，从而鼓励哀伤者表露出真实的感受，为心理接纳丧失做准备。

2.体验并处理哀伤的痛苦。哀伤的过程通常伴随着情感上的痛苦，如悲伤、愤怒、内疚等。逃避或压抑这些情绪可能会延缓哀伤过程，使情绪堆积甚至导致更严重的心理问题。因此，辅导者应鼓励哀伤者直接面对这些情感，并提供支持，以减少孤独感和无助感。在实际操作中，辅导者可以采用情感反映技术，帮助哀伤者识别和表达内心的痛苦。比如，通过重复哀伤者的描述，如"我听到你说你觉得无法承受这样的痛苦"来让他们感觉自己被理解。同时，辅导者可以引导哀伤者回忆与逝者的经历，帮助他们释放压抑的情感。

3.适应失去后全新的生活环境。在逐渐接受丧失的现实后，哀伤者通常需要适应没有逝者或失去对象的新生活。这一任务往往伴随着日常习惯的改变、角色的调整以及自我认知的更新。辅导者的目标是帮助哀伤者在现实中建立新的行为模式和支持系统，以便更积极地面对生活中的各种变化。在实际操作中，辅导者可以协助哀伤者识别生活中的具体变化，例如新的生活习惯或独自承担的责任。可以逐步提出问题，如"你现在是如何安排你的空闲时间的"或"在失去他们之后，你的日常生活发生了哪些改变"，帮助哀伤者为自己重新设计日常生活和心理支持机制。

4.重塑与失去对象的关系并积极生活。最后的任务是帮助哀伤者重新定义与失去对象的关系，而不是简单地割断或遗忘。哀伤者可以在内心保留对逝者的特殊情感，将其作为回忆的一部分，同时继续前行，积极开展新的关系和生活。辅导者在此阶段需要帮助哀伤者在心中为逝者找到适合的位置，从而将他们的爱与怀念融入自己的生命中。在实际操作中，辅导者可以邀请哀伤者分享自己如何想起逝者，或帮助哀伤者找到象征性的方式来缅怀，例如写信、写日记或制作纪念册。也可以问"如果他们还在，他们希望你如何过好接下来的生活"，通过这种方式可以引导哀伤者以一种积极的方式思考未来，并慢慢融入新生活。

Worden的任务导向哀伤辅导模式将哀伤过程视作一系列需要完成的心理任务，辅导者的作用在于通过支持性对话与情感表达，帮助哀伤者一步步适应新的生活现实。这种模式适合长期的、渐进的心理咨询过程，可以让哀伤者逐渐建立自我修复的能力。

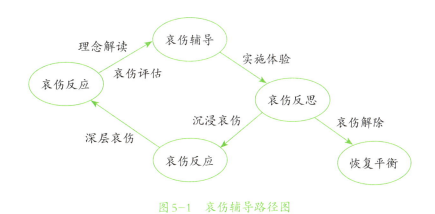

图5-1　哀伤辅导路径图

参考文献

[1] 郭念锋.临床心理学[M].北京：科学出版社，1995.

[2] 汪向东，王希林，马弘.心理卫生评定量表手册：增订版[M].北京：中国心理卫生杂志社，1999.

[3] 郑晓边.心理变态与健康[M].安徽：安徽人民出版社，2001.

[4] 马歇尔·卢森堡.非暴力沟通[M].北京：华夏出版社，2009.

[5] 戴晓阳.常用心理评估量表手册[M].北京：人民军医出版社，2010.

[6] 马丁·塞利格曼.活出最乐观的自己[M].辽宁：万卷出版公司，2010.

[7] 郑淑杰.教师心理健康[M].北京：北京大学出版社，2014.

[8] 卡罗尔·德韦克.终身成长[M].江西：江西人民出版社，2017.

[9] 黄丽，杨廷忠，季忠民.正性负性情绪量表的中国人群适用性研究[J].中国心理卫生杂志，2003（1）.

[10] 彭纯子，范晓玲，李罗初.社交回避与苦恼量表在学生群体中的信效度研究[J].中国临床心理学杂志，2003（4）.

[11] 李超平，时勘.分配公平与程序公平对工作倦怠的影响[J].心理学报，2003（5）.

[12] 廖全明.教师的心理健康问题及其危害：目前国内中小学教师心理问题研究文献综述[J].涪陵师范学院学报，2004（2）.

[13] 郑希付.高中生元担忧与考试焦虑[J].心理科学，2004（2）.

[14] 徐光兴，李希希.创伤后应激障碍的心理应对机制之比较研究：从中美两国的文化心理背景出发[J].华东师范大学学报（教育科学版），2004（3）.

[15] 徐富明，朱从书，邵来成.中小学教师的工作倦怠与其相关因素的关系研究[J].心理科学，2005（5）.

[16] 韩德霞.学生减负 教师减压[J].中小学心理健康教育，2005（9）.

[17] 刘力鸥.维纳归因理论对教学实践的指导作用刍议[J].济南职业学院学报，2007（4）.

[18] 周萍.谈教师人际关系失调的影响及自我调控[J].教育与职业，2007（26）.

[19] 姜晓军.中小学教师自我心理调适六种方法[J].黑龙江教育学院学报，2007（7）.

[20] 续冰.教师情绪问题调适的基本方法[J].太原大学教育学院学报，2009（2）.

[21] 周菲，白晓君.国外心理边界理论研究述评[J].郑州大学学报（哲学社会科学版），2009（2）.

[22] 许琦，胡桂英.网络成瘾的理论模型与诊断标准[J].临床医学工程，2009（5）.

[23] 刘晓芳，龙秀红.非药物干预对改善睡眠质量的研究进展[J].护理学杂志，2009（11）.

[24] 吴明霞，张大均，陈旭，余林，郭成.中小学教师工作-家庭冲突的测量[J].心理发展与教育，2009（1）.

[25] 邓睿，王健.提升教师职业成就感：催生教育家的现实途径[J].教师教育研究，2011（2）.

[26] 赵其坤.生涯设计是教师专业发展的现实选择[J].现代教学，2012（4）.

[27] 马述民.教师的心理调整与自我减压[J].教育科学论坛，2013（3）.

[28] 戴吉，邓云龙.心理健康标准的中国文化因素探析[J].求索，2013（4）.

[29] 陈灿锐，高艳红，郑琛.曼陀罗绘画心理治疗的理论及应用[J].医学与哲学（人文社会医学版），2013（10）.

[30] 魏淑华，宋广文，张大均.我国中小学教师职业认同的结构与量表[J].教师教育研究，2013（1）.

[31] 顾秋鸿.音乐治疗在都市人心理亚健康领域中应用[J].辽宁中医药大学学报，2014（5）.

[32] 郭爱妹.心理学视野下的退休机制研究[J].南京师大学报（社会科学版），2016（3）.

参考文献

[33] 高慧斌.中小学教师职称制度改革特征与现状分析[J].教师教育研究，2016（6）.

[34] 戴月娥，温芳芳，等.基于个体的退休心理模型[J].心理科学进展，2017（3）.

[35] 高俊.如何管理班级中的"调皮"学生[J].课程教育研究，2017（45）.

[36] 王皓.班主任的情绪管理三步走[J].班主任之友（中学版），2018（C1）.

[37] 顾怀婷，刘根义，李晶.大学生非自杀性自伤行为与抑郁、述情障碍的相关性[J].中国健康心理学杂志，2018（1）.

[38] 江界华，江帆.校园霸凌心理形成机制及预防研究[J].青少年犯罪问题，2018（4）.

[39] 雷薪屹.对高中生网络成瘾的心理学分析[J].课程教育研究，2018（52）.

[40] 汪雅霜，付玉媛，汪霞.小学教师工作满意度影响因素的实证研究：基于50所学校调查数据的分析[J].当代教育科学，2018（9）.

[41] 韩耕愚，雷园婷，等.北京市高中生网络成瘾行为现状及其影响因素分析[J].中国儿童保健杂志，2018（10）.

[42] 王飞，王婷婷，等.大学生电信网络诈骗受骗心理变化研究[J].电子商务，2018（11）.

[43] 周凌明，王冬.基于明尼苏达量表的医生工作满意度实证研究[J].中国卫生质量管理，2018（5）.

[44] 黄琼，周仁来.中国学生考试焦虑的发展趋势：纵向分析与横向验证[J].中国临床心理学杂志，2019（1）.

[45] 伍新春，齐亚静，臧伟伟.中国中小学教师职业倦怠的总体特点与差异表现[J].华南师范大学学报（社会科学版），2019（1）.

[46] 吴华清.中学教师的留职意向及其影响因素研究：以上海市某区为例[J].教育参考，2020（2）.

[47] 李镇西.如何与学生搞好"关系"[J].课程教材教学研究（教育研究版），2021（C1）.

[48] 陈萍，张斌.班主任核心素养的内涵分析与框架建构[J].中国教育学刊，2021（2）.

[49] 黄海亚.和谐有序 张弛相间 循规而行：初中心理健康教育课的课堂纪律调控

[J].中小学心理健康教育，2021（33）.

[50] 马开剑，王光明，等."双减"政策下的教育理念与教育生态变革：笔谈[J].
天津师范大学学报（社会科学版），2021（6）.

[51] 龙宝新.学科内卷化时代的教师教育学科建设[J].华东师范大学学报（教育科
学版），2021（8）.

[52] 杨蕊，王琪林，等.中小学教师压力知觉和抑郁、焦虑的关系：应对方式的
中介作用[J].中国健康心理学杂志，2021（12）.

[53] 张显婷.乡村教师培训"内卷化"的困境与消解[J].山西青年，2021（15）.

[54] 谢春花.解决家长投诉的四个关键要点[J].学前教育，2022（C1）.

[55] 陈潇潇，侯金芹，陈祉妍.基于日记法探索母亲抑郁对儿童情绪的影响[J].中
国临床心理学杂志，2022（1）.

[56] 赵璐.新入职教师岗位适应性常见问题及策略研究[J].小学教学研究，2022
（2）.

[57] 李广，盖阔.中小学教师职业幸福感调查[J].教育研究，2022（2）.

[58] 弭维.社会正义视角下的"道德绑架"问题分析[J].伦理学研究，2022（3）.

[59] 赵婧.保持思维弹性：成长型思维助力教师专业发展[J].西北成人教育学院学
报，2022（4）.

[60] 谢小敏，冯蓓，等.青少年抑郁症状的相关家庭因素研究[J].中国儿童保健杂
志，2022（4）.

[61] 张家军，闫君子.中小学教师减负需聚焦非教育教学类负担[J].中小学德育，
2022（6）.

[62] 潘施杏.从一则案例辅导谈抑郁症学生的辅导与跟进策略[J].中小学心理健康
教育，2022（6）.

[63] 胡莹莹，王文静.中小学教师职业幸福感现状、影响因素及对策研究[J].中国
成人教育，2022（7）.

[64] 彭聪.非暴力沟通对话模式下新型亲子关系的建构探析[J].教育观察，2022
（18）.

[65] 王燕.工作倦怠的跨行业调查和比较研究[D].贵阳：贵州师范大学，2005.

[66] 黄璐.冥想训练对大学生情绪体验和情绪感受性的影响[D].金华：浙江师范

大学，2011.

[67] 周新宇.中小学女教师工作家庭冲突与生育意愿的关系研究：育儿胜任感的中介作用和家庭支持的调节作用[D].聊城：聊城大学，2022.

后记

当我们终于为这套"每天学点心理学"丛书画上句号时，心中感慨万千。

时间回到2021年11月19日，江西省平安建设领导小组办公室与江西师范大学共建的"江西省社会心理服务体系建设研究中心"正式揭牌。这是江西省社会心理服务工作的一件大事，中心的顺利揭牌令人欢欣鼓舞、倍感振奋。江西省委政法委对中心工作提出了发展方向，指出社会心理服务的工作要深入基层社区，走进居民群众，把心理服务这篇大文章写好、写精彩。由是，编写一套面向民众的心理科普知识手册列入工作日程。2022年4月，在完成前期调研的基础上，编写专家团队正式成立，开启了编写工作，这也是"每天学点心理学"丛书的缘起。

江西拥有着悠久的历史文化与深厚的人文情怀。进入新时代，江西在推进社会心理服务上取得了一系列成绩：积极探索了与经济社会发展相适应的社会心理服务体系建设模式，完成了赣州市作为全国社会心理服务体系建设试点工作，启动"966525"社会心理服务热线为群众提供心理疏导和心理危机干预等。江西省社会心理服务体系建设研究中心的成立，更是为开展社会心理服务理论和实践研究提供了一个重要的平台。目前，中心已成立两支专家队伍，在编撰出版心理科普读物、开展社会心理知识宣传、网格员心理培训与疏导、研究并构建特殊人群教育转化的干预策略、开展民事转刑事的矛盾化解规律研究、撰写决策咨询报告等方面进行了大量工作。

　　本手册即为"每天学点心理学"丛书之一，它以10个常见心理健康基础知识问题为开篇，围绕影响教师获得感、幸福感、安全感以及应激事件应对的40个常见心理困扰做了较为详尽的阐述，并从专业视角解读和提供解决此类心理应激事件的路径和办法。本手册是在李洁教授的带领下，组织王鑫强、黄仁辉、李燕、邓海霞、吕晋怡、刘天牧、程新颖、余小芳等8位同志一起完成编撰工作，李洁负责全书的统稿工作。

　　在编写过程中，也借鉴了国内外诸多专家的文献，吸收了他们关于心理健康的真知灼见，在此一并致谢。同时感谢在编写过程中给予帮助的所有人。

　　参编人员也深知，纵然精心编写，疏漏在所难免。希望各位读者朋友在阅读过程中能够不吝赐教，提出宝贵的意见和建议，帮助我们不断完善和提高。

编者

2024年12月

"每天学点心理学"丛书

《婴幼儿心理健康知识手册》

《小学生心理健康知识手册》

《初中生心理健康知识手册》

《高中生心理健康知识手册》

《大学生心理健康知识手册》

《中老年人心理健康知识手册》

《特殊人群心理健康知识手册》

《家庭心理健康知识手册》

《社区心理健康知识手册》

教师心理健康

知识手册

出品人：熊 炽

策划编辑：周小任 张芙蓉

责任编辑：杭欧阳

封面设计：梁 爽

版式设计：异一设计 QQ:164085572

插 画：清露工作室 帅 艺

ISBN 978-7-5705-4233-8

9 787570 542338 >

江西教育出版社

定价：38.00元